성경에서 말씀하는 기도를 중심으로 엮은

날마다 기도로 성장하는 구역예배

21세기구역공과편찬위원회

좋은 책으로 하나님의 사람을 만들어가는

엘 맨

성경에서 말씀하는 기도를 중심으로 엮은

날마다 기도로 성장하는 구역예배

21세기구역공과편찬위원회

공과를 내면서

구역 식구 여러분, 벌써 들판에는 이삭들이 한여름의 햇볕을 듬뿍 받고 서 있고, 우리들도 한 해의 마무리를 서서히 해야 하는 가을입니다. 언제나 하나님의 사랑하심과 도우심으로 구역과 구역원들이 하나가 되고 성장하기를 기도합니다.

돈을 잃으면 일부를 잃는 것이고, '건강을 잃으면 전부를 잃는 것'이라는 말이 있듯이, 우리도 영적인 건강을 잃으면 전부를 잃는 결과를 가져오게 됩니다. 그러므로 우리 삶의 과정에서 영혼을 살찌우는 일은 무엇보다 중요합니다.

신앙의 기초를 든든히 하는 일, 믿음의 기둥을 세우는 일, 그리고 바람이 불어도 날아가지 않을 지붕을 씌우는 일, 이 모든 것이 예배와 교육으로 이루어집니다. 구역예배는 글자 그대로 구역 식구들이 모여서 하나님께 예배드리는 시간입니다. 그런 가운데 말씀을 읽고, 듣고, 마음에 새기게 됩니다. 그러기에 기독교의 예배는 그 자체가 교육입니다. 그리고 예배와 함께 구역이 모여서 성도의 교제를 나누는 귀한 공동체적 시간입니다. 이 시간을 통하여 우리의 믿음과 신앙생활이 성장하고 발전하는 것입니다. 그러므로 우리는 구역예배 모임에 소홀히 해서는 안 될 것입니다.

올해 구역공과는 기도에 대하여 중점적으로 공부하고자 합니다. 기도에 관한 이론적인 부분과 성경에 나오는 기도에 대하여 살펴보면서, 기도하는 의미와 방법을 배우고자 합니다. 또 다시 한 식구가 되어 하나님의 말씀을 나누고, 주님의 사랑을 함께 나누는 시간을 갖게 됨을 감사드리며, 하나님의 은혜 속에서 믿음이 성큼성큼 자라나기를 기도드립니다.

2009년 초가을에

21세기구역공과편찬위원회

차 례

제1장
기도란 무엇인가?

제1과
기도란 무엇인가?

시편 65:2
찬송 361(480), 539(483)

기도를 들으시는 주여 모든 육체가 주께 나아오리이다(시 65:2)

스코틀랜드의 찬송시인 몽고메리(J. Montgomery)는 기도를 "영혼의 성실한 욕구요 불꽃이요 운동"이라고 정의했습니다. 사람들은 저마다 그 마음속에 기도의 개념을 지니고 있습니다. 그러나 희망에 대한 염원, 복에 대한 열망 등과 같은 것들이 성경이 가리키는 기도와 같을 수 없습니다. 기도는 가장 본질적인 신앙의 행위이기에 하나님께 대한 신앙인에서 성경적인 올바른 기도의 정의를 찾아야 합니다.

1. 기도는 하나님께 고백하는 것입니다

기도는 인간의 단순한 염원이나 희구가 아닙니다. 하나님과 대화를 하려면 먼저 하나님께 대한 올바르고 정당한 고백이 필수입니다. 즉 하나님을 하나님으로 인정하는 일이 하나님과 대화의 첫걸음입니다. 그러므로 아브라함과 사도들, 주 예수와 천사들이 하나님을 전능하신 창조주, 인애하신 아버지, 영원토록 감사와 찬양을 받으실 분으로 고백했습니다.

"만일 우리가 우리 죄를 자백하면 그는 미쁘시고 의로우사 우리 죄를 사하시며 우리를 모든 불의에서 깨끗하게 하실 것이요"(요일 1:9)라고 했습니다. 하나님을 하나님으로 인정하는 행위가 곧 신앙의 본질이요, 기도는 그 신앙의 기본 수단이기에 기도를 하나님께 대한 고백이라고 정의할 수 있습니다.

2. 기도는 하나님께 대한 예배 행위입니다

기도는 하나님과의 대화이자 하나님께 대한 예배의 행위입니다. 예배는 하나님께서 우리에게 베풀어 주신 자비와 사랑과 은혜에 감사하는 마음을 드리는 것입니다. 그러므로 기도는 하나님께 대한 예배입니다.

"찬송하리로다 하나님 곧 우리 주 예수 그리스도의 아버지께서 그리스도 안에서 하늘에 속한 모든 신령한 복을 우리에게 주시되"(엡 1:3)라는 찬양으로 기도를 시작했습니다. 이 베풀어 주신 구속의 은혜를 알지 못하고 감사하지 못하는 사람은 결코 올바른 기도를 드릴 수 없는 것입니다.

감사는 받은 은혜에 대한 것뿐만 아니라, 받을 은혜에 대한 감사입니다. 그리스도 예수 안에서 언약하신 대로 하나님께서 장래에도 은혜 베풀어 주실 것을 믿고 감사드리는 것이기 때문입니다. 이런 기도는 믿음을 지닌 성도만이 드릴 수 있습니다. 그러므로 예수님께서 "너희가 믿고 구할 것은 이미 받은 줄로 여기라"고 말씀하신 것입니다.

3. 기도는 하나님께 간구하는 것입니다

디모데전서 2:1-3에 "그러므로 내가 첫째로 권하노니 모든 사람을 위하여 간구와 기도와 도고와 감사를 하되 임금들과 높은 지위에 있는 모든 사람을 위하여 하라 이는 우리가 모든 경건과 단정함으로 고요하고 평안한 생활을 하려 함이라 이것이 우리 구주 하나님 앞에 선하고 받으실 만한 것이니"라고 했습니다.

하나님께 대한 고백과 감사뿐만 아니라 하나님께 대한 요구가 기도입니다. 하나님께 대한 보고는 기도가 아닙니다. 자녀가 아버지께 하듯, 필요한 내용을 요구하는 것이 기독교의 기도입니다. 어버이는 어린 자녀가 필요한 것을 자신에게 요구하는 모습 속에서 기쁨을 맛봅니다. 부모에게 아무것도 요구하지 않고 바라지 않는 자녀는 부모를 불신하고 사랑하지 않는다는 의미가 됩니다. 그러므로 하나님의 자녀가 거룩한 삶에 필요한 것을 하나님께 간구하는 행위는 하나님을 기쁘시게 하는 믿음과 충성의 표시입니다.

요한복음 14:13에 "너희가 내 이름으로 무엇을 구하든지 내가 행하리니 이는 아버지로 하여금 아들로 말미암아 영광을 받으시게 하려 함이라" 요한복음 15:7에 "너희가 내 안에 거하고 내 말이 너희 안에 거하면 무엇이든지 원하는 대로 구하라 그리하면 이루리라"고 했습니다.

4. 기도는 영혼의 호흡입니다

생명을 지닌 존재에 있어 호흡은 그 생명을 유지하기 위해서 중지할 수 없는 것입니다. 의학자들은 인간의 육체는 호흡이 1분 이상 멈추게 되면 산소 결핍으로 인하여 뇌가 손상되고, 3분 이상만 되면 뇌와 심장에 치명적인 영향을 준다고 봅니다. 그래서 죽음을 가리켜 숨을 거뒀다고 하는 것입니다. 그래서 이사야서 2:22에, "너희는 인생을 의지하지 말라 그의 호흡은 코에 있나니 셈할 가치가 어디 있느냐"라고 했습니다.

인간에게는 육체와 더불어 영혼이라는 생명 요소가 있습니다. 이 생명은 육체와 같은 원리로서 생명이 유지됩니다. 육체에 양식이 필요한 것처럼 영혼에도 양식이 필요한데 그것은 하나님의 말씀인 만나를 먹고 살아야 하는 것입니다. 또한 영혼에도 호흡이 필요한데 그것이 바로 기도입니다.

그래서 사도 바울은 빌립보서 4:6-7에서 "아무 것도 염려하지 말고 다만 모든 일에 기도와 간구로, 너희 구할 것을 감사함으로 하나님께 아뢰라 그리하면 모든 지각에 뛰어난 하나님의 평강이 그리스도 예수 안에서 너희 마음과 생각을 지키시리라"고 하십니다.

말씀을 생각하며

1. 오늘의 말씀에서 가장 마음에 남는 말씀은 어떤 말씀입니까?

_____

_____

_____

_____

2. 왜 그 말씀이 마음에 남습니까?

_____

_____

_____

_____

3. 오늘 말씀을 읽고, 나의 신앙생활 속에서 고쳐야 할 점은 무엇입니까?

_____

_____

_____

_____

한 주간의 기도제목

나	
가 정	
교 회	

제2과
왜 기도하는가(1)

요한계시록 19:7-8
찬송 : 14(30), 174(161)

> 우리가 즐거워하고 크게 기뻐하며 그에게 영광을 돌리세 어린 양의
> 혼인 기약이 이르렀고 그의 아내가 자신을 준비하였으므로 그에게 빛
> 나고 깨끗한 세마포 옷을 입도록 허락하셨으니 이 세마포 옷은 성도들
> 의 옳은 행실이로다 하더라(계 19:7-8)

하나님께 드리는 우리의 기도가 응답받는 기도가 되며, 신앙생활 가운데
가장 중요한 기도생활에서 승리하기 위해서는 기도하는 목적과 이유를 알고
기도하는 것이 매우 중요합니다.

1. 하나님을 영화롭게 하기 위해서 기도합니다

그리스도인들이 기도하는 가장 중요한 목적 중의 첫째는 하나님의 놀라운
영광을 높여 드리기 위해서입니다. 요한복음 14:13에서 예수님은 "너희가 내
이름으로 무엇을 구하든지 내가 행하리니 이는 아버지로 하여금 아들로 말미
암아 영광을 받으시게 하려 함이라"고 말씀하십니다. 결국 중보자이신 예수
그리스도를 통하여 신자들의 기도가 응답될 때 하나님의 이름이 높아지며 영
광을 받으시기 때문에 기도할 이유가 생깁니다. 진정한 의미에서 하나님을 찬
양하기를 원하고, 그의 주권과 위엄과 전능하심을 인정하며 경배하기를 원한
다면 기도할 수밖에 없는 것입니다.

2. 하나님이 명령하셨기 때문에 기도합니다

데살로니가전서 5:17-18에 "쉬지 말고 기도하는 것"이 "그리스도 예수 안에서 너희를 향하신 하나님의 뜻이니라"고 밝힙니다. 즉 기도는 하나님의 명령임을 알 수 있습니다. 이 기도의 명령을 바르게 수행할 때 나타나는 것은 하나님께서 성도들을 향해서 가지고 계시는 놀라운 계획과 약속들이 성취된다는 점입니다. 그래서 예수님은 "구하라 그리하면 너희에게 주실 것이요 찾으라 그리하면 찾아낼 것이요 문을 두드리라 그리하면 너희에게 열릴 것이니 구하는 이마다 받을 것이요 찾는 이는 찾아낼 것이요 두드리는 이에게는 열릴 것이니라"(마 7:7, 8)고 하신 것입니다.

3. 우리의 죄를 용서받을 수 있기 때문에 기도합니다

수많은 잘못과 결점을 가진 죄인들이라 할지라도 기도로 고백하고 은혜의 보좌 앞으로 나아가기를 힘쓰는 자들에게는 사죄의 은총이 주어집니다. 잠언 28:13에 "자기의 죄를 숨기는 자는 형통하지 못하나 죄를 자복하고 버리는 자는 불쌍히 여김을 받으리라"고 하셨습니다. 또 "만일 우리가 우리 죄를 자백하면 그는 미쁘시고 의로우사 우리 죄를 사하시며 우리를 모든 불의에서 깨끗하게 하실 것이요"(요일 1:9)라고 하나님의 용서를 강조하고 있습니다. 그러므로 기도하지 않는 것 자체가 죄가 되는 것입니다(삼상 12:23). 우리는 기도하지 않는 죄를 범하지 않기 위해서도 기도해야만 하는 것입니다.

4. 사탄을 이기고 성령 충만을 받을 수 있기 때문에 기도합니다

베드로는 사탄이 "우는 사자와 같이 두루 다니며 삼킬 자를 찾나니"(벧전 5:8)라고 하였습니다. 하나님 나라를 사모하며 살아가는 그리스도인들은 선한 싸움을 싸우는 영적인 군사들이라고 할 수 있으며, 궁극적으로 사도 바울이 기록한 대로 "우리의 씨름은 혈과 육을 상대하는 것이 아니요 통치자들과 권세들과 이 어둠의 세상 주관자들과 하늘에 있는 악의 영들을 상대"(엡 6:12)하는 것입니다. 성도들의 싸움이 영적인 것이라면, 그 싸움에서 승리할 수 있는 비결은 이미 사탄을 이기신 예수 그리스도의 능력을 힘입는 방법, 즉 성령의 충만을 받아야만 하는 것입니다.

5. 고난을 이기고 복된 길로 인도하기 때문에 기도합니다

시편에는 "환난 날에 나를 부르라 내가 너를 건지리니 네가 나를 영화롭게 하리로다"(시 50:15)고 하였습니다. 그러므로 신자들이 당면한 고난뿐만 아니라 장차 올 모든 일을 능히 피하고 인자 앞에 서도록 항상 기도하며 깨어 있으면(마 26:41) 문제는 해결됩니다.

"아무 것도 염려하지 말고 다만 모든 일에 기도와 간구로, 너희 구할 것을 감사함으로 하나님께 아뢰라 그리하면 모든 지각에 뛰어난 하나님의 평강이 그리스도 예수 안에서 너희 마음과 생각을 지키시"(빌 4:6-7)는 평강의 역사가 나타나는 것입니다. 그러므로 기도를 통해 그리스도인들은 자신의 형편을 하나님께 정확하게 알리게 되고, 따라서 전능하신 하나님의 손에 있는 복들을 누릴 수 있게 되는 것입니다.

6. 거룩하게 하며 복음전파의 능력을 얻기 때문에 기도합니다

아이들이 어머니와의 깊은 교감과 상호교제를 통해서 균형 있게 성장하는 것처럼 하나님의 자녀인 그리스도인들은 아버지 하나님과 영적으로 교제하는 기도를 통해서 영적 균형감각을 유지하게 되고 궁극적으로 성숙해집니다.

그러므로 기도할 때 하나님의 자녀들은 더욱 그리스도를 닮아가는 성화의 자리에 이르게 되고, 삶 속에서 그리스도의 복음을 담대하게 전하는 능력 있는 전도자의 삶을 살게 되는 것입니다.

말씀을 생각하며

1. 오늘의 말씀에서 가장 마음에 남는 말씀은 어떤 말씀입니까?

_____

_____

_____

_____

2. 왜 그 말씀이 마음에 남습니까?

_____

_____

_____

_____

3. 오늘 말씀을 읽고, 나의 신앙생활 속에서 고쳐야 할 점은 무엇입니까?

_____

_____

_____

_____

한 주간의 기도제목

나	
가 정	
교 회	

제3과
왜 기도하는가(2)

디모데전서 2:1-3
찬송 : 320(350), 363(479)

그러므로 내가 첫째로 권하노니 모든 사람을 위하여 간구와 기도와
도고와 감사를 하되 임금들과 높은 지위에 있는 모든 사람을 위하여
하라 이는 우리가 모든 경건과 단정함으로 고요하고 평안한 생활을 하
려 함이라(딤전 2:1-2)

기도는 성도의 생활에 영육 간에 유익을 줍니다. 사도 바울도 성도들에게
기도의 유익에 대해 말하면서, 기도의 결과 성도들의 삶이 이전보다 나아져야
한다고 가르치고 있습니다. 그러기 위해서는 쉬지 말고 기도하라고 권합니다.
경건과 단정, 고요와 평안한 생활들은 기도의 결과로 가능케 되는 것입니다.

1. 신앙의 성장을 위하여

강하고 담대한 신앙으로의 성장을 위하여서 기도는 반드시 필요합니다. 기
도하는 자세는 하나님의 실존을 인정하는 것이며 동시에 하나님의 약속을 믿
는 고백이기도 합니다. 그러므로 기도하는 성도는 하나님의 살아 역사하심과
도우시며 복 주심을 체험하게 되는 것입니다.

엘리야가 갈멜산에서 기도했을 때 가뭄의 땅에 비가 내리는 기적이 일어났
습니다. 기도는 하늘의 은혜의 문을 열고 닫는 열쇠입니다. 기도는 하나님의
능력의 역사를 이루기도 하지만 성도로 하여금 성령에 이끌리는 은혜 속에서
하나님의 말씀이 믿어지고 깨닫게 되며, 연약한 믿음의 소유자들이 큰 믿음으
로 성장하게 되는 것입니다.

2. 영적 평화를 위하여

예수께서는 성도가 누릴 영적 평화에 대해 말씀하셨습니다. "평안을 너희에게 끼치노니 곧 나의 평안을 너희에게 주노라 내가 너희에게 주는 것은 세상이 주는 것과 같지 아니하니라 너희는 마음에 근심하지도 말고 두려워하지도 말라"(요 14:27).

성도는 예수님의 평화를 누리는 삶을 살아야 합니다. 이 세상에서 성도가 하늘에 속한 평화를 소유하는 길은 기도하는 신앙으로만 가능합니다. "아무 것도 염려하지 말고 다만 모든 일에 기도와 간구로, 너희 구할 것을 감사함으로 하나님께 아뢰라 그리하면 모든 지각에 뛰어난 하나님의 평강이 그리스도 예수 안에서 너희 마음과 생각을 지키시리라"(빌 4:6-7)고 하십니다.

성도가 기도함으로 평화를 누리게 되면 환난과 풍파 많은 환경에서도 성도의 마음에 예수님이 거하게 되며(엡 3:17) 영적 능력을 유지하게 됩니다.

3. 영혼의 성화를 위하여

복음의 역사는 예수 그리스도를 믿고 고백할 때에 순간적으로 죄에서 놓여나 의롭다 인정을 받게 됨과 동시에 영생을 소유하며, 하나님의 자녀가 되는 신령한 역사가 이루어집니다(롬 10:9-10). 그러나 이러한 놀라운 역사는 영원히 이루어지는 신령한 역사의 출발입니다. 그러므로 성도는 영혼과 육적인 삶의 모든 영역에서 성화가 이루어지게 되고, 성화를 이루어 가야 합니다.

"우리가 다 하나님의 아들을 믿는 것과 아는 일에 하나가 되어 온전한 사람을 이루어 그리스도의 장성한 분량이 충만한 데까지 이르리니"(엡 4:13)라고 말씀하십니다. 이 성화를 이루기 위해서는 반드시 기도하는 삶이 필요합니다. 기도는 회개를 이루기 때문입니다. 기도하는 성도는 자기의 결함이나 회개의 조건을 발견하게 됩니다. 성경에 나오는 훌륭한 신앙의 인물들 가운데도 흉악한 범죄를 저질렀으나, 철저히 기도를 통하여 회개를 이룬 이들이 있습니다. 특별히 다윗은 밧세바를 범하고 우리아를 죽이는 범죄 이후 철저히 회개함으로 왕 되신 예수 그리스도의 모형이 되기도 하였고, 예수 그리스도의 조상이 되었는가 하면, 야곱은 얍복 강변의 기도를 통하여 자신의 연약함을 발견하고 신앙의 사람이 될 수 있었습니다. 뿐만 아니라 베드로나 사도 바울도 기도를 통하여 회개를 이루고 영혼의 성화를 이루어 크게 쓰임 받은 대표적인 인물이 되었습니다(창 32:22-26; 시51편; 마26:60-75; 갈1:17; 딤전1:12-16).

4. 하나님의 인도하심을 위하여

기도하는 심령은 하나님의 인도하심을 받게 됩니다. 왜냐하면 기도는 하나님을 나의 편으로 끌어오는 것이 아니라, 기도를 통하여 하나님이 살아서 역사하시는 은혜의 자리를 향하여 찾아가는 것이기 때문입니다. "네가 만일 하나님을 찾으며 전능하신 이에게 간구하고 또 청결하고 정직하면 반드시 너를 돌보시고 네 의로운 처소를 평안하게 하실 것이라"(욥 8:5-6). 하나님은 기도하는 믿음의 심령을 푸른 초장에 누이시며 쉴 만한 물가로 인도하여 주십니다.

그리고 하나님께 기도하고 응답받는 가운데 하나님과의 관계가 더 강화됩니다. 하나님을 더욱 신뢰하게 되며, 우리의 믿음이 자라게 되는 것입니다. 사람 사이의 관계도 대화를 통해 더 깊어지듯이 우리가 진실한 마음으로 기도드릴 때, 우리의 형편과 처지, 생각과 느낌을 솔직하게 고할 뿐 아니라 하나님의 뜻을 알게 되기 때문에 하나님과의 관계가 더욱 깊어지는 것입니다.

말씀을 생각하며

1. 오늘의 말씀에서 가장 마음에 남는 말씀은 어떤 말씀입니까?

_____

_____

_____

_____

2. 왜 그 말씀이 마음에 남습니까?

_____

_____

_____

_____

3. 오늘 말씀을 읽고, 나의 신앙생활 속에서 고쳐야 할 점은 무엇입니까?

_____

_____

_____

_____

한 주간의 기도제목

나	
가 정	
교 회	

제4과
무엇을 기도하는가?

마태복음 6:33
찬송 : 208(246), 218(369)

그런즉 너희는 먼저 그의 나라와 그의 의를 구하라 그리하면 이 모
든 것을 너희에게 더하시리라(마 6:33)

무슨 내용의 기도이든지 열심히 오랫동안 드리기만 하면 이루어지는 것처럼 생각하는 이들이 있습니다. 그래서 기도가 만사를 자기의 소원대로 성취하는 비법인 양 생각하고 올바르지 못한 기도에 몰두하는 자들을 흔히 보게 됩니다. 그러나 기독교의 기도는 그런 것이 아니라, 찬송과 감사, 자백과 간구가 기도의 내용입니다.

1. 하나님의 뜻을 구합니다

예수께서 겟세마네 동산에서 "나의 원대로 마시옵고 아버지의 원대로 하옵소서"(마 26:39)라고 기도하셨고, 제자들에게 가르친 기도 내용 중에도 "뜻이 하늘에서 이루어진 것 같이 땅에서도 이루어지이다"(마 6:10)라고 하셨습니다. 또한 야고보서에서도 정욕으로 쓰려고 잘못 구하면 얻지 못한다고 가르치고 있습니다. 성도는 마땅히 내 뜻은 무너지고 하나님의 뜻이 이루어지기를 기도해야 합니다.

그렇다면 기도할 필요가 없지 않느냐고 할 수 있을 것입니다. 그러나 하나님께서는 자기의 기쁘신 뜻을 위하여 우리 속에 소원을 두셔서 하나님의 뜻을 구하게 해 주십니다. 그래서 모든 일이 하나님의 뜻대로 되는 줄을 우리로 알게 하십니다.

우리는 성경에서 인간들의 기도를 통하여 하나님께서 뜻을 돌이키셨다는 기록을 자주 보게 됩니다. 백성을 위한 모세의 기도, 히스기야의 기도, 다윗의 기도 등의 경우입니다. 그러나 이 모든 것이 하나님의 근본 뜻대로 이루신 것임을 명심하여야 합니다.

2. 하나님의 약속을 구합니다

하나님의 약속은 성경이 가르치는 기도의 내용입니다. 구약시대에 야곱, 모세, 다윗, 히스기야 등 유명한 선지자들의 기도가 모두 다 하나님의 약속을 구하고 있다는 사실에 주목해야 합니다. 신약에서도 예수님께서 가르치신 기도 내용이 모두 하나님의 약속에 근거하고 있습니다. 예수님께서 "너희는 먼저 그의 나라와 그의 의를 구하라"(마 6:33)고 하셨습니다.

하나님의 거룩한 영광, 천국, 뜻이 땅에서 이룰 것, 일용할 양식, 죄 용서, 악에서의 구출 등을 구하는 것은 바로 하나님의 나라와 하나님의 의를 구하는 것이며, 이 모든 것은 이미 우리에게 약속된 사실임을 기억해야 합니다.

따라서 기독교의 바른 기도의 내용은 어디까지나 하나님이 만세 전부터 정하신 뜻에 따라 우리에게 약속된 것들임을 알 수 있습니다. 결국 기독교적인 바른 기도란 그리스도의 공로로 자녀 된 자들이 전능하신 하나님 아버지께 약속된 하나님의 뜻을 구하는 것입니다.

3. 하나님의 나라를 구합니다

우리가 세상을 살아가는 데도 먼저 할 일과 나중에 할 일이 있습니다. 이와 같이 기도에도 순서가 있습니다. 예수님께서 주기도문을 통해서 분명하게 그것을 가르쳐 주셨습니다. "너희는 먼저 그의 나라와 그의 의를 구하라"고 말씀하셨습니다. 기도할 때도 먼저 구해야 할 것이 있고 나중에 구해야 할 것이 있습니다.

우리가 먼저 구해야 할 것은 그의 나라와 그의 의입니다. 예수님께서 그의 나라와 그의 의를 짝지어 말씀하신 까닭은 무엇일까요? 하나님의 나라에 들어가기 위해서는 의로워야 합니다. 그런데 우리는 의롭지 않기 때문에 하나님의 나라에 들어갈 수 없습니다. 그러므로 우리는 그의 의를 구해야 합니다.

무엇보다도 우리가 먼저 구해야 할 첫 번째 기도 제목은 바로 그의 의를 구하는 것입니다. 우리가 하나님의 나라와 의를 먼저 구하고, 그것을 위하여 최선을 다할 때 하나님은 이 세상에서 살아가는 데 필요한 모든 것을 풍족하게 채워주신다고 약속하신 것입니다. 그러므로 우리는 먼저 구할 것을 먼저 구하는 기도를 잊지 말아야 합니다.

말씀을 생각하며

1. 오늘의 말씀에서 가장 마음에 남는 말씀은 어떤 말씀입니까?

_____

_____

_____

_____

2. 왜 그 말씀이 마음에 남습니까?

_____

_____

_____

_____

3. 오늘 말씀을 읽고, 나의 신앙생활 속에서 고쳐야 할 점은 무엇입니까?

_____

_____

_____

_____

한 주간의 기도제목

나	
가 정	
교 회	

제5과
기도의 4요소

디모데전서 2:1
찬송 : 320(350), 363(479)

그러므로 내가 첫째로 권하노니 모든 사람을 위하여 간구와 기도와
도고와 감사를 하되(딤전 2:1)

기도에 포함되어야 할 기본 요소가 있습니다. 이 요소는 쉽게 'ACTS'라는
단어로 표현할 수 있는데, 이것은 찬양(Adoration), 고백(Confession), 감사
(Thanksgiving), 간구(Supplication)라는 영어 단어들의 첫머리 글자에서 따
온 것입니다. 그러나 이것은 단지 기도의 내용과 순서를 생각하기 쉽게 만든
것이지 반드시 따라야 할 고정된 순서는 아닙니다.

1. 찬양

에베소서 1:12에 "이는 우리가 그리스도 안에서 전부터 바라던 그의 영광의
찬송이 되게 하려 하심이라"고 하였습니다. 우리는 곧 하나님을 찬양하는
존재입니다. 그리고 하나님께 예배하는 자들입니다.

하나님을 찬양하는 것이 곧 예배이며, 우리 마음과 영혼과 입술로 하나님
께 영광을 돌리고 하나님을 높이는 것입니다. 기도에 대해 거룩하고 두려운
하나님과의 관계에서 막연하고 신비적인 요소라고 오해하고 있는 사람이
있습니다. 그러나 성경은 오히려 하나님 아버지는 자녀들과 교제하기를 원
하신다고 말합니다.

하늘의 아버지와 우리의 관계는 완전한 신뢰와 믿음과 순종의 관계여야
합니다. 우리는 찬양과 경배, 경외하는 마음과 떨리는 마음, 사랑과 감사하

는 마음을 가지고 하나님께 나아가야 합니다.

우리의 기도는 하나님을 향한 마음의 표현입니다. 이것은 행위가 아니라 경험입니다. 시편의 찬양 구절과 다른 성경 구절을 읽음으로써 기도 시간을 좀 더 풍성히 가질 수 있습니다.

2. 고백

주님과의 교제를 회복하기 원하는 그리스도인의 기도는 고백으로 시작되어야 합니다. 이사야 1:18에 "여호와께서 말씀하시되 오라 우리가 서로 변론하자 너희의 죄가 주홍 같을지라도 눈과 같이 희어질 것이요 진홍 같이 붉을지라도 양털 같이 희게 되리라"고 하셨습니다. 시편 66:18에서 "내가 나의 마음에 죄악을 품었더라면 주께서 듣지 아니하시리라"고 했으며, 이사야 59:2에는 "오직 너희 죄악이 너희와 너희 하나님 사이를 갈라 놓았고 너희 죄가 그의 얼굴을 가리어서 너희에게서 듣지 않으시게 함이니라"라고 했습니다. 죄를 고백함으로써 비로소 우리 마음은 찬양과 감사와 간구를 할 수 있게 됩니다.

히브리어로 고백은 '있는 그대로를 말한다'라는 뜻이 있습니다. 그러므로 죄를 고백할 때 우리는 우리 행동의 잘못된 점을 인정하는 것입니다. 과거와 현재와 미래의 모든 죄가 십자가 위에서 사해진 것에 대해 감사드리고 회개해야 합니다.

3. 감사

우리의 끊임없는 믿음의 표현은 하나님을 가장 기쁘시게 합니다. 그리고 우리의 믿음을 표현하는데 '감사합니다'라고 말하는 것보다 더 좋은 방법은 없습니다.

히브리서에 보면 "믿음이 없이는 하나님을 기쁘시게 하지 못하나니"라고 했습니다(히 11:6). 또 우리에게 범사에 감사하라고 하십니다. 왜냐하면 그리스도 예수 안에서 우리를 향하신 하나님의 뜻이기 때문입니다(살전 5:18). 감사하지 않는 것은 하나님께 순종하지 않는 것입니다.

만일 우리가 성령 충만하고, 하나님께서 이 세상 모든 것을 주관하고 계신다는 것을 깨닫게 된다면, 매일의 축복뿐만 아니라 어려움이나 불행에도 감사할 수 있습니다.

4. 간구

바울은 "아무 것도 염려하지 말고 오직 모든 일에 기도와 간구로 너희 구할 것을 감사함으로 하나님께 아뢰라"(빌 4 :6)고 했습니다. 그리하면 마태복음 21:22에 "너희가 기도할 때에 무엇이든지 믿고 구하는 것은 다 받으리라 하시니라"고 하셨습니다.

간구는 우리 자신의 요구를 간청하는 것과 다른 사람에 대한 중보의 기도를 포함합니다. 우리는 모든 그리스도인들을 위해 기도해야 합니다(엡 6:19). 무엇보다도 먼저 자신을 위해서 기도하여야 합니다. 그러면 속사람이 거듭난 생명을 얻게 되고, 기민하고 생명력이 넘치며, 참신하고 항상 성령에 민감하며, 성령을 힘입어 권능을 얻게 됩니다.

그리고 어려운 문제들을 놓고 기도하여야 합니다. 지혜와 인도하심을 위해 기도하며, 유혹을 이길 힘을 달라고 기도하여야 합니다. 슬플 때는 위로를 구하는 기도를 하며, 무슨 일이나 기도로 주님께 맡겨야 합니다. 하나님께 온전히 간구하면 하나님은 우리의 기도를 들어 주십니다.

말씀을 생각하며

1. 오늘의 말씀에서 가장 마음에 남는 말씀은 어떤 말씀입니까?

_____

_____

_____

_____

2. 왜 그 말씀이 마음에 남습니까?

_____

_____

_____

_____

3. 오늘 말씀을 읽고, 나의 신앙생활 속에서 고쳐야 할 점은 무엇입니까?

_____

_____

_____

_____

한 주간의 기도제목

나	
가 정	
교 회	

제6과
누구에게 기도하는가?

신명기 4:39-40
찬송 : 540(219), 365(484)

그런즉 너는 오늘 위로 하늘에나 아래로 땅에 오직 여호와는 하나님
이시요 다른 신이 없는 줄을 알아 명심하고 오늘 내가 네게 명령하는
여호와의 규례와 명령을 지키라 너와 네 후손이 복을 받아 네 하나님
여호와께서 네게 주시는 땅에서 한 없이 오래 살리라(신 4:39-40)

　　기독교적인 바른 기도는 이방 종교에서 행해지는 염불이나 복을 비는
기복 행위와는 같지 않습니다. 신자의 기도는 하나님께 예배를 드리는 데
있어서 매우 중요한 부분을 차지하고 있습니다. 신자의 바른 기도 생활은
하나님께 바르게 예배하는 생활이 되기 때문입니다. 오늘날 사이비적 신앙
운동이 범람하는 이유 중의 하나는 기도에 대한 바른 인식의 부족이라고
생각됩니다.

1. 창조주 하나님께 기도합니다

　　이사야서 43:15에 "나는 여호와 너희의 거룩한 이요 이스라엘의 창조자요
너희의 왕이니라"고 하셨습니다. 하나님은 우리의 생명의 창조자이시고,
만물을 지으시고 통치하시며 섭리하시고 지배하시는 분이시고, 영원히 살
아계셔서 졸지도 아니하시고 주무시지도 아니하시며, 피곤치 아니하시며
곤비치 아니하시는 분이며, 만유의 아버지시요 만유를 통일하시고 만유 가
운데 계시며 유일무이하신 분이시기 때문입니다.

　　그러므로 이러한 하나님께 기도하지 않고 다른 누구에게 기도할 수 있을까
요? 그러므로 태양, 달, 별이나, 사람의 손으로 만든 것이나 특정한 자연을

섬기며 기도하는 것은 어리석고 무지몽매한 탓이요 주술일 뿐입니다.

이교도들은 상상적 존재 또는 우상에게 기도를 합니다. 그러나 기독교에서는 성경이 가르치는 전능하신 하나님 아버지께 기도를 드립니다. 물론 삼위의 구별 없이 성부, 성자, 성령, 삼위일체의 하나님께 기도를 드립니다.

2. 전능하신 하나님께 드립니다

출애굽기 6:3에 "내가 아브라함과 이삭과 야곱에게 전능의 하나님으로 나타났으나 나의 이름을 여호와로는 그들에게 알리지 아니하였고"라고 하셨습니다.

우리가 하나님께 기도를 드린다는 것은 그가 전능자라는 전제 아래서 가능합니다. 우주와 만물을 지으시고 주관하시며 섭리하시는 전능자 하나님만이 효과 있는 기도의 응답자가 되실 수 있기 때문입니다.

성도가 드리는 기도가 찬송과 감사, 자백, 간구 등으로 엮어지는데, 전능자가 아니시면 어떻게 찬송의 대상이 되며, 감사를 드리며, 자백과 간구를 할 수 있습니까? 혹시 한다 하더라도 전능하신 하나님 외에 그 누구도 그 무엇도 절대로 찬송과 감사, 자백과 간구의 대상이 될 수 없습니다.

마리아나 베드로 또는 불상이나 조상의 영들을 기도의 대상으로 삼는 자들이 있습니다. 그러나 이 모든 것들은 하나님의 피조물에 불과한 무능한 존재들입니다. 무능한 어린아이에게 나의 사업을 도와 달라는 간청이나 찬송과 감사가 가능합니까? 불가능자에게 요청하지 않고 가능자에게 요청한다는 것은 당연한 논리의 귀결입니다.

기독교가 온 우주의 만물을 당신의 기쁘신 뜻대로 주관하시는 전능하신 하나님을 기도의 절대 대상으로 삼는 것은 너무도 당연한 일입니다.

3. 아버지이신 하나님께 드립니다

하나님께서는 아들의 기도만을 들어주십니다. 요한복음 17장에 기록된 예수님의 기도 내용을 보면 하나님을 아버지로, 예수님 자신을 아들로 호칭하면서 기도를 드리는 것을 볼 수 있습니다. 아버지 하나님께서 기도의 대상이 되시는 것은 "내 것은 다 아버지의 것이요 아버지의 것은 내 것이온데"(요 17:10)라는 원리에서 이해되는 진리입니다.

예수님은 요한복음 15:7-10에서 "너희가 내 안에 거하고 내 말이 너희 안에 거하면 무엇이든지 원하는 대로 구하라 그리하면 이루리라 너희가 열매를 많이 맺으면 내 아버지께서 영광을 받으실 것이요 너희는 내 제자가 되리라 아버지께서 나를 사랑하신 것 같이 나도 너희를 사랑하였으니 나의 사랑 안에 거하라 내가 아버지의 계명을 지켜 그의 사랑 안에 거하는 것 같이 너희도 내 계명을 지키면 내 사랑 안에 거하리라"고 하셨습니다.

아버지의 것과 아들의 것이 따로 있는 것이 아니고 아버지의 것이 곧 아들의 것이기 때문에, 하나님의 아들 예수 그리스도와 연합되어 양자의 명분을 얻은 성도가 아버지 되신 하나님께 예수의 이름으로 기도를 드리는 것은 너무도 당연한 것입니다. 결국 기독교의 참된 기도의 대상은 전능하시며 아버지 되시는 하나님이십니다.

말씀을 생각하며

1. 오늘의 말씀에서 가장 마음에 남는 말씀은 어떤 말씀입니까?

_____

_____

_____

_____

2. 왜 그 말씀이 마음에 남습니까?

_____

_____

_____

_____

3. 오늘 말씀을 읽고, 나의 신앙생활 속에서 고쳐야 할 점은 무엇입니까?

_____

_____

_____

_____

한 주간의 기도제목

나	
가 정	
교 회	

제7과
기도의 전제 조건

마가복음 11:20-25
찬송 : 539(483), 365(484)

그러므로 내가 너희에게 말하노니 무엇이든지 기도하고 구하는 것은
받은 줄로 믿으라 그리하면 너희에게 그대로 되리라(막 11:24)

기도를 어떻게 드려야만 하나님께서 들으시는가? 기도의 전제 조건에 관한 말씀입니다. 기도는 일방적으로 우리의 소원을 구하는 것이 아니라, 하나님이 원하시는 것을 구해야 하나님이 기뻐하시고 들어 주십니다. 하나님이 들으시는 기도는 일정한 조건을 갖추어야 하는데, 먼저 우리들이 갖추어야 할 조건을 살펴봅니다.

1. 믿음으로 기도해야 합니다

본문 22-24에 "예수께서 그들에게 대답하여 이르시되 하나님을 믿으라 내가 진실로 너희에게 이르노니 누구든지 이 산더러 들리어 바다에 던져지라 하며 그 말하는 것이 이루어질 줄 믿고 마음에 의심하지 아니하면 그대로 되리라 그러므로 내가 너희에게 말하노니 무엇이든지 기도하고 구하는 것은 받은 줄로 믿으라 그리하면 너희에게 그대로 되리라"고 하셨습니다. 우리는 먼저 지금 하나님 앞에 있다는 것을 믿고, 다음은 나의 기도를 들으심을 믿어야 합니다.

다음은 하나님께서는 그 기도를 능히 이루실 줄 믿어야 합니다. 나아가 기도를 응답하셔서 이루어주실 줄 믿어야 합니다. 그리고 기도로써 하나님을 찾기만 해도 기뻐하셔서 상을 주신다는 것을 믿어야 합니다. 우리 하나님께서 어떤 분이시며 우리를 얼마나 사랑하시고 약속하신 것을 얼마나 잘 지키시는 분이

신가 안다면 우리의 기도는 믿음의 기도로 바뀌게 될 것입니다.

2. 용서하고 기도해야 합니다

본문 25절에 "서서 기도할 때에 아무에게나 혐의가 있거든 용서하라 그리하여야 하늘에 계신 너희 아버지께서도 너희 허물을 사하여 주시리라 하시니라"고 하셨습니다. 마태복음 18:18에 "진실로 너희에게 이르노니 무엇이든지 너희가 땅에서 매면 하늘에서도 매일 것이요 무엇이든지 땅에서 풀면 하늘에서도 풀리리라"고 하셨습니다.

베드로가 주님께 "형제가 내게 죄를 범하면 몇 번이나 용서하여 주리이까 일곱 번까지 하오리이까" 하고 질문을 하자, 예수님은 "일곱 번뿐 아니라 일곱 번을 일흔 번까지라도 할지니라"고 하셨습니다(마 18:22-30). 우리의 마음 중심으로 형제를 용서하지 아니하면 하나님께 기도할 수 없습니다. 뿐만 아니라 하나님의 크신 은혜를 받은 우리들이 남을 사랑하지 못한다면 하나님께서도 그 기도를 들어 주시지 않는다는 것을 알아야 하겠습니다.

그러므로 인간관계에서 막히면 기도도 막히게 됩니다. 그것은 기도에 바로 용서와 사랑의 조건이 있기 때문입니다. 혹시 우리의 기도가 막혔다면 성령께서 여러분의 마음속에 미움과 용서하지 못한 원인들을 생각나게 하시고 막힌 담을 헐고 기도의 응답을 받고 사는 성도들이 되시기 바랍니다.

3. 하나님의 뜻에 따라 기도해야 합니다

마태복음 26:39에 "내 아버지여 만일 할 만하시거든 이 잔을 내게서 지나가게 하옵소서 그러나 나의 원대로 마시옵고 아버지의 원대로 하옵소서"라고 기도합니다. 우리는 이 기도의 모범에서 내 뜻을 죽이고 아버지의 뜻대로 기도해야 한다는 것을 발견합니다. 요한복음 15:7에도 "너희가 내 안에 거하고 내 말이 너희 안에 거하면 무엇이든지 원하는 대로 구하라 그리하면 이루리라"고 하셨습니다.

　우리가 하나님께 무엇을 구하든지 들어주신다는 것은 기도의 가능성을 뜻합니다. 그러나 하나님의 뜻대로 구해야 들어주신다는 것은 기도의 범위를 가르쳐 주시는 말씀입니다. 이 두 가지 조건이 맞아야 기도의 응답이 옵니다. 이두 조건이 맞는다면 그 기도의 내용이 어떤 것이든지 다 이루어지게 됩니다. 그러므로 내 욕심을 버리고 하나님의 뜻이 어디에 있는지, 말씀을 깨닫고 성령의 도우심으로 뜻을 찾아 기도하여 응답으로 사는 성도가 되시기 바랍니다.

4. 성령님을 의지하여 기도해야 합니다

　유다서 1:20-21에 "사랑하는 자들아 너희는 너희의 지극히 거룩한 믿음 위에 자신을 세우며 성령으로 기도하며 하나님의 사랑 안에서 자신을 지키며 영생에 이르도록 우리 주 예수 그리스도의 긍휼을 기다리라"고 하였고, 에베소서 6:18에도 "항상 성령 안에서 기도하고"라고 하였습니다.

　우리가 음식을 먹을 때도 꼭꼭 씹어 자기 침에 섞일 때 맛이 있어 그 음식을 삼킴과 같이 하나님께서는 당신의 성령으로 감동된 기도라야 기쁘게 받으십니다. 우리가 흔히 기도 줄을 잡았다는 말을 하는데, 그것은 세상 잡념이 제거되고 마음이 바쳐지면서 성령의 감동 속에 기도가 드려지는 것을 말합니다.

　그러므로 우리 속에서 성령의 소원대로 기도할수록 그 기도가 가치 있고 능력 있는 기도라고 할 수 있습니다. 그러기 위해서는 무엇보다도 내 뜻을 내려놓고 육감에 의해서가 아니라 마음 속 중심에서 우러나오는 기도를 드려야 합니다.

말씀을 생각하며

1. 오늘의 말씀에서 가장 마음에 남는 말씀은 어떤 말씀입니까?

_____

_____

_____

_____

2. 왜 그 말씀이 마음에 남습니까?

_____

_____

_____

_____

3. 오늘 말씀을 읽고, 나의 신앙생활 속에서 고쳐야 할 점은 무엇입니까?

_____

_____

_____

_____

한 주간의 기도제목

나	
가 정	
교 회	

제8과
기도의 성장과정

마태복음 6:5-7
찬송 : 257(189), 214(349)

또 기도할 때에 이방인과 같이 중언부언하지 말라 그들은 말을 많이
하여야 들으실 줄 생각하느니라(마 6:7)

기도에는 성장과정이 있습니다. 어린이가 학교에 가면 제일 먼저 연필 잡는
법부터 배우고, 그 다음 마음대로 그리기 시작하고, 얼마 후에라야만 글 쓰는
법을 배우게 되며 어른이 되어서는 심지어 속기까지도 배울 수 있게 됩니다.
기도를 배우는 것도 이와 마찬가지입니다. 기도하는 방법이 있고, 그 방법을
적용시킬 줄 안다면 성장과 발전이 단계적으로 조화 있게 이루어집니다.

1. 혼잣말의 단계

하나님이 살아계시는 한 인격체로 느끼지 못하고, 멀리 떨어져 마치 존재하
지도 않는 분과 같이 느껴지기에 기도는 하나의 독백이 될 수밖에 없습니다.
독백은 자기 자신에게 말하고 자신의 말에 맞장구를 치는 것입니다. 누구와
의사소통하는 것이 아닙니다. 이런 기도는 자기 스스로에게 말하고, 자기 스스
로 답을 하는 결과를 가져옵니다. 그래서 이런 기도는 자기의 생각을 하나님이
하신 말씀으로 착각하기도 합니다. 이렇게 기도하는 사람은 자신은 많이 기도
한다고 생각하지만, 실제로는 기도하지 않은 것이나 마찬가지입니다.

기도는 혼잣말이 아닙니다. 기도는 하나님께 드리는 것이며, 하나님과 대화
를 나누는 것입니다. 이런 기도는 결국 자기 합리화를 시키며, 자기 위로를
목적으로 하는 것이 됩니다.

2. 대화의 단계

하나님과 함께 대화를 할 줄 알 때 비로소 기도한다고 말할 수 있고 참된 기도의 길로 들어섰다고 할 수 있습니다. 하나님이 들으시고, 우리를 보시고, 사랑하시며, 답하시는 살아 있는 한 인격체로 받아들여질 때 우리는 참된 기도의 길에 들어선 것입니다. 비로소 우리는 하나님 앞에 존재하게 되고, 하나님과 교통하게 됩니다.

이 단계의 기도는 혼잣말의 단계에서는 기도의 핵심이 우리 자신이었으나, 이제는 하나님께서 기도의 핵심에 자리하십니다. 즉 우리와 함께 그분 역시 기도의 핵심이 되시고, 하나님과 나와의 관계가 비로소 연결되며, 하나님이 우리의 문제에 개입하실 수 있게 됩니다. 하나님께서는 우리를 어루만지실 수 있고, 회복시킬 수 있으며, 변화시키실 수 있습니다. 우리 또한 기도가 뜨거워지고 믿음으로 그분께 우리 문제를 맡기며 그분의 말씀을 듣게 됩니다.

3. 응답의 단계

습관적으로 듣는 기도를 할 줄 안다면 기도의 높은 경지에 머물러 있어야 합니다. 기도에 단련되지 않은 사람은 어쩌다 한 번씩 이 경지에 이를 수 있지만 즉시 미끄러집니다. 항구하게 머물러 있기는 힘이 듭니다.

먼저 자신을 정화시키는 것에서부터 시작해야 하고, 교만을 꺾어 버릴 줄 알아야 합니다. 진실하고 참다워야 합니다. 우리 얼굴의 가면을 벗어 버릴 줄 모른다면 하나님께서 우리에게 말씀하실 수 없습니다. 우리는 먼저 자신에게 진실을 말하고, 진리 안에 머물고, 우리 자신 안에 거짓된 면들을 밝혀내야 합니다. 자신의 미약함을 용감하게 있는 그대로 보고, 검은 것은 검다 하고 흰 것은 희다고 말할 수 있어야 합니다. 우리는 가면을 쓰고 생활할 때가 많습니다. 하나님과의 만남에 앞서 자신의 편리한 생활을 뒤바꾸어야 하고, 우리 자신이 얼마나 미약한지를 이해하고, 하나님 앞에 전적으로 가난한 모습 그대로 자신을 내놓아야 합니다. 우리가 진실할 때 하나님께서는 우리 안에 함께하시고 말씀하십니다.

4. 사랑의 단계

말을 많이 한다고 잘하는 기도는 아닙니다. 오히려 불필요한 말들은 기도를 복잡하게 만들고 질질 끌게 하고, 하나님과의 대화를 방해할 수도 있습니다. 하나님을 온전히 바라보는 것으로도 충분하고, 순박하게 바라봄으로 하나님을 느낄 수 있어야 합니다.

하나님과 우리 사이는 부모와 자식 간의 관계나 마찬가지입니다. 부모의 뜻을 잘 헤아리고, 부모님을 바라보기만 해도 부모님은 흡족해 하십니다. 서로 사랑하는 마음으로 서로 바라보는 것이 기도하는 자의 태도입니다.

주님은 "주여, 주여 하는 자마다 다 천국에 들어갈 것이 아니요 다만 하늘에 계신 내 아버지의 뜻대로 행하는 자라야 들어가리라"(마 7:21)고 말씀하셨습니다. 기도는 겉으로 꾸미는 것이나 아름다운 말, 좋은 생각들로 구성하여 드리는 것이 아니라, 진실한 마음으로 하나님의 뜻을 알고, 그 뜻에 합당한 내용으로 드리는 것입니다. 하나님 말씀에 순종하지 않으면서 드리는 기도는 응답받지 못합니다. 하나님은 입술의 기도가 아니라, 삶의 기도를 들으시는 것입니다.

말씀을 생각하며

1. 오늘의 말씀에서 가장 마음에 남는 말씀은 어떤 말씀입니까?

_____

_____

_____

_____

2. 왜 그 말씀이 마음에 남습니까?

_____

_____

_____

_____

3. 오늘 말씀을 읽고, 나의 신앙생활 속에서 고쳐야 할 점은 무엇입니까?

_____

_____

_____

_____

한 주간의 기도제목

나	
가 정	
교 회	

제9과
기도자의 기본 자세

이사야 55:6-7
찬송 : 250(182), 387(440)

너희는 여호와를 만날 만한 때에 찾으라 가까이 계실 때에 그를 부
르라 악인은 그의 길을, 불의한 자는 그의 생각을 버리고 여호와께로
돌아오라 그리하면 그가 긍휼히 여기시리라 우리 하나님께로 돌아오라
그가 너그럽게 용서하시리라(사 55:6-7)

하나님께서는 고통 중에 있는 유다 백성들로 하여금 죄의 결과가 얼마나
무서운가를 알게 하시며, 죄를 회개하고 돌아오기만 하면 모든 죄를 다 용서해
주시고 긍휼히 여기신다고 하셨습니다. 우리는 무엇보다도 긍휼함을 받기 위
해서 죄를 회개하고 기도를 해야 합니다. 이것에 대해 오늘 본문을 중심으로
기도하는 자의 기본자세를 생각하고자 합니다.

1. 하나님을 찾아야 합니다

유다가 바벨론 포로로 잡혀가게 된 것은 그들이 하나님을 버렸기 때문입니
다. 하나님과의 끈끈한 교제의 줄을 그들이 놓아 버렸기 때문입니다. 따라서
그들이 회복을 원한다면 힘으로 바벨론 제국을 무너뜨리는 것이 아니라 여호
와 하나님을 만나야 합니다. 여호와를 찾아야 합니다.

인간은 항상 무엇을 찾기 위해 끊임없이 활동하고 노력합니다. 무엇을 찾기
위하여 모두 분주히 다닙니다. 빵, 돈, 지식, 사랑, 향락, 권세, 명예 등을 찾습
니다. 하지만 인간의 일생에 첫째 되는 최고 목표는 하나님을 찾는 일입니다.

하나님을 찾는다는 말은 기도를 한다는 말입니다. 기도할 때 하나님을 만나
게 됩니다. 말씀에 "너희가 온 마음으로 나를 구하면 나를 찾을 것이요 나를

만나리라"(렘 29:13)고 했습니다. 하나님은 기도로써 만날 수 있고, 진리 안에서 찾게 되는 것입니다. 주님께서도 "구하라 그리하면 너희에게 주실 것이요 찾으라 그리하면 찾아낼 것이요 문을 두드리라 그리하면 너희에게 열릴 것이니"(마 7:7)라고 하셨습니다. 그러므로 성도들이 성전에 들어가서 기도하여 은혜 받고 하나님을 만나 복되게 사는 자가 되기 위해 힘써야겠습니다.

2. 하나님을 만나야 합니다

"너희는 여호와를 만날 만한 때에 찾으라"(렘 55:6)고 하신 것은, 하나님께서 우리에게 자신을 나타내 주시는 때라는 의미입니다. 인간은 누구나 하나님을 만나야 합니다.

성경에 보면 위대한 역사를 이룩한 인물들은 모두 하나님을 만난 경험이 있습니다. 아브라함은 하나님의 부르심을 입어서 그의 고향 갈대아 우르를 떠났던 것입니다. 하나님의 명령에 따라 떠나면서 도중에 하나님을 여러 차례 만났습니다. 야곱도 역시 벧엘에서 하나님을 만나는 경험을 했습니다. 이사야는 웃시야 왕이 죽던 해에 성전에 엎드려 기도하고 있을 때에 하나님을 만났습니다. 신약의 사도 바울은 원래 기독교를 굉장히 핍박했던 사람입니다. 그도 다메섹 도상에서 주님을 만나 새사람이 되어 사도가 된 것입니다.

하나님을 찾는 자, 하나님을 만난 자 모두 위대한 복을 받았습니다. 하나님은 복의 근원이시기 때문입니다. 하나님은 또한 우리에게 복 주시기를 원하시며 우리는 모두 복을 받기를 원합니다.

3. 하나님을 불러야 합니다

유다 백성들이 바벨론 포로로 잡혀가게 된 원인은 하나님께서 그들을 떠나셨기 때문입니다. 하나님께서 그들을 떠나신 원인은 그들의 죄 때문입니다. 하나님은 죄와 함께 거하실 수 없는 거룩하신 분입니다. 하나님은 안 계신 곳이 없이 어디나 계시지만, 하나님을 부르지 않아서 만나지 못하며, 만나지 못하면 신앙에 확신이 없습니다.

예수께서 회당장 야이로의 집에서 그의 딸을 살리신 후 그곳을 떠나가실 때 두 맹인이 따라오며 "다윗의 자손이여 우리를 불쌍히 여기소서"(마 9:27)라고 간구하였습니다. 그리고 누가복음 11:8에 "내가 너희에게 말하노니 비록 벗 됨으로 인하여서는 일어나서 주지 아니할지라도 그 간청함을 인하여 일어나 그 요구대로 주리라"고 했습니다. 그 사람이 빵 세 덩이를 얻을 수 있었던 주요 원인은 친구였기 때문이 아니라, 간청함 때문이었습니다.

여러분도 기도할 때 하나님을 부르기 바랍니다. 주님을 가까이하면 우리를 만나 주시고 우리의 간청을 들어 주십니다.

4. 하나님께 돌아와야 합니다

주님을 따르는 데 있어서 방해가 되는 요소는 빨리 버리는 것이 빨리 복을 받는 지름길입니다. "악인은 그의 길을, 불의한 자는 그의 생각을 버리고 여호와께로 돌아오라"(사 55:7)고 하였습니다. 이 땅의 모든 백성은 다 주께로 돌아와야만 금생과 내생에 복을 받는 것입니다.

우리가 육적인 생각을 십자가에 못 박고 심령이 새로워지면, 새롭게 된 심령이 우리를 의와 진리를 입은 거룩한 새사람으로 변화시킬 것입니다. 오직 하나님께서 모든 것을 주관하시기 때문에 그가 주시고자 할 때만 모든 것을 누릴 수가 있는 것입니다. 그러므로 인간들의 사사로운 생각을 버리고 절대자 주님의 말씀만 순종하며 따라야 할 것입니다.

말씀을 생각하며

1. 오늘의 말씀에서 가장 마음에 남는 말씀은 어떤 말씀입니까?

_____

_____

_____

_____

2. 왜 그 말씀이 마음에 남습니까?

_____

_____

_____

_____

3. 오늘 말씀을 읽고, 나의 신앙생활 속에서 고쳐야 할 점은 무엇입니까?

_____

_____

_____

_____

한 주간의 기도제목

나	
가 정	
교 회	

제10과
하나님이 들으시는 기도

빌립보서 4:6
찬송 : 363(479), 369(487)

아무 것도 염려하지 말고 다만 모든 일에 기도와 간구로, 너희 구할
것을 감사함으로 하나님께 아뢰라(빌 4:6)

기도하는 마음과 기도하는 삶은 믿는 사람의 진실한 신앙을 나타냅니다. 성도가 기도하는 것은 진정 하나님께서 자신을 선하게 인도하실 것을 믿기 때문입니다. 그래서 사실상 기도하는 것 자체가 우리의 진실한 신앙을 고백하는 태도입니다. 그러면 어떤 기도가 하나님이 들어주시는 기도일까요?

1. 감사의 기도입니다

하나님의 이름을 거룩하게 여기는 것은 하나님의 은혜에 감사하기 때문입니다. 하나님의 은혜는 우리가 생각하고 깨닫는 것보다 훨씬 크다는 걸 잊지 말아야 합니다. 우리가 하나님의 은혜를 많이 받지만 우리가 모르는 은혜가 너무 많이 있습니다. 그러므로 우리는 어떤 일을 당해도 하나님의 이름을 높이며 범사에 감사해야 합니다.

감사는 인격의 표시이고, 기독교인의 신앙을 반증하는 가장 소중한 열매입니다. 진정 감사하는 사람이 가치 있는 사람이고, 덕을 갖춘 사람입니다. 하나님은 감사를 아는 사람을 좋아하십니다. 그래서 감사의 기도에 응답하십니다.

시편 50:23에, "감사로 제사를 드리는 자가 나를 영화롭게 하나니 그의 행위를 옳게 하는 자에게 내가 하나님의 구원을 보이리라"고 했습니다. 감사는 하나님을 영화롭게 하는 가장 올바른 행위이기 때문에 감사하는 자에게 하나

님께서는 하늘 문을 열어 주십니다.

복된 삶을 위해서 우리는 감사하는 눈을 가져야 합니다. 감사하는 눈으로 꽃을 보는 사람은 잡초를 보고 불평하지 않습니다. 받은 복을 세어 보는 사람에게는 불평한 이유를 찾지 않습니다. 감사하는 사람은 기쁨의 추억은 기억하지만 상처의 아픔은 잘 지워버립니다. 감사하는 마음이 곧 하나님을 사랑하는 마음이며, 온전히 하나님을 믿고 의지하는 마음입니다. 그래서 감사함으로 기도하는 자의 기도를 하나님은 기뻐하시는 것입니다.

2. 겸손의 기도입니다

기도에는 두 가지 기도가 있습니다. 하나는 자기의 소원으로 하는 기도로서, 자기가 만족하고 자기 영광을 위한 기도입니다. 또 하나는 하나님의 소원으로 하는 기도로서, 하나님의 만족과 영광을 위한 기도입니다. 우리의 기도가 진정 응답 받는 기도가 되기 위해서는 하나님의 뜻을 따르고자 하고 하나님의 영광을 생각하는 기도가 되어야 합니다.

살면서 낙심하는 이유는 대개 큰 기대를 걸었다가 이루어지지 않기 때문입니다. 목표가 수포가 되고, 친구가 배신하고, 자녀가 대학 입시에 실패하면 낙심이 됩니다. 어려울 때 낙심하고 불평하는 것은 주님의 나라가 임한 마음이 아닙니다. 이런 때 자신을 돌아보는 겸손한 마음이 있어야 합니다. 나에게 부족한 것이 무엇인지, 하나님이 나에게 원하시는 것이 무엇인지 살펴보는 태도가 필요합니다. 하나님은 겸손하게 자신을 살피는 사람을 사랑하시며, 은혜를 더하여 주십니다.

3. 믿음의 기도입니다

주님은 우리가 하나님을 믿고 구체적으로 기도하기를 원하십니다. 그러나 믿음의 기도를 한다고 해서 기도만 하고 노력하지 않는 것은 잘못된 태도입니다. 하나님이 모든 것을 책임지신다고 해서 무책임한 사람이 되라는 말은 아닙니다. 우리가 감당할 수 있는 것이라면 우리 자신이 책임을 져야 합니다. 믿고 기도했으면 최선을 다해 열심히 노력하는 태도가 우리에게는 필요합니다. 그 결과는 하나님이 책임져 주시는 것입니다.

책임을 다한 후, 나머지는 하나님의 책임임을 인정하는 것이 진짜 믿음입니다. 그런데도 불구하고 아직 염려가 남아 있다면, 하나님의 배분하지 않은 책임까지 본인이 떠맡으려 하는 불신의 행위입니다. 최선을 다했으면 앞날은 하나님께 맡기십시오. 반드시 선하게 인도해 주실 것입니다. 우리가 이런 자세를 가지고 기도하면 하나님께서 우리 기도에 응답해 주실 것입니다.

4. 평화의 기도입니다

주님은 우리에게 죄 사함의 기도를 해야 한다고 가르칩니다. 기도는 하나님과의 만남을 통해 내 안에 있는 하나님의 형상을 회복하는 것입니다. 그러므로 나의 죄 문제를 해결하는 것이 우선되어야 하며, 그것은 곧 하나님과의 관계 회복을 이루는 것입니다.

하나님과의 관계 회복을 위해서 우리는 용서하는 마음을 가져야 합니다. 예수님은 하늘과 땅을 이어주려고 왔습니다. 다시 말하면 하나님과 우리 사이를 화해시키시려고 이 세상에 오신 것입니다. 그러므로 우리도 서로 화해해야 합니다. 즉, 하나님이 주시는 평화를 나누어야 하는 것입니다.

우리 마음에 남아 있는 미움과 욕망, 불화의 장벽을 쌓고 남을 해치던 일을 다 버리고, 서로 화해하며 평화를 이루는 삶을 살아야 합니다. 우리가 평화를 위하여 기도할 때 하나님의 평화가 이 땅에 이루어질 것입니다.

말씀을 생각하며

1. 오늘의 말씀에서 가장 마음에 남는 말씀은 어떤 말씀입니까?

_____

_____

_____

_____

2. 왜 그 말씀이 마음에 남습니까?

_____

_____

_____

_____

3. 오늘 말씀을 읽고, 나의 신앙생활 속에서 고쳐야 할 점은 무엇입니까?

_____

_____

_____

_____

한 주간의 기도제목

나	
가 정	
교 회	

제11과
하나님이 기뻐하시는 기도

에베소서 6:18-20
찬송 : 352(390), 350(393)

모든 기도와 간구를 하되 항상 성령 안에서 기도하고 이를 위하여
깨어 구하기를 항상 힘쓰며 여러 성도를 위하여 구하라 또 나를 위하
여 구할 것은 내게 말씀을 주사 나로 입을 열어 복음의 비밀을 담대히
알리게 하옵소서 할 것이니(엡 6:18-19)

기도는 하나님과 대화하는 것입니다. 어떤 사람과 대화할 때, 상대방이 전
혀 관심이 없는 주제를 말한다면, 관심이 없거나 대화의 진전이 없을 것입니
다. 마찬가지로 우리가 하나님께 기도하지만 하나님께서 기뻐하시지 않는 기
도를 하게 되면, 우리가 애써 기도하는 수고와는 상관없이 하나님의 응답을
기대할 수 없습니다. 그러면 하나님은 어떤 기도를 기뻐하실까요?

1. 진실한 기도를 기뻐하십니다

기도할 때에 종종 우리는 바리새인들처럼 형식과 좋은 말들을 가지고 기도
할 때가 많습니다. 그러나 하나님은 우리가 말을 많이 하고, 형식적인 틀에
맞추어서 말을 잘하는 기도보다는 솔직하고 꾸밈없는 기도를 원하십니다.

기도의 본질은 진실한 대화입니다. 거짓된 말을 하는 사람들을 우리가 싫어
하듯이 하나님도 죄 많은 사람들을 싫어하는 것이 아니라 거짓된 마음으로
하나님께 나아와서 기도하는 자를 싫어하는 것입니다. 거짓된 자를 하나님은
불쌍히 여기지 아니하십니다. 하나님은 진실한 마음으로 하나님께 나아와 기
도하는 자의 기도를 들으시고 응답하십니다.

왜 하나님께서 바리새인의 기도를 받지 않습니까? 외적인 그럴듯한 형식은

있지만 진실한 기도를 드리지 않기 때문입니다. 사람에게 보이기보다 하나님께 드리는 기도가 진실한 기도입니다. 진실한 기도는 하나님을 향하여, 하나님만 바라보고 기도하는 것입니다. "너는 내게 부르짖으라 내가 네게 응답하겠고 네가 알지 못하는 크고 은밀한 일을 네게 보이리라"(렘 33:3)고 하신 약속을 이루어 주실 것입니다.

2. 간절한 기도를 기뻐하십니다

간구란 목적이 있고 열심이 있는 기도를 말합니다. 그래서 같은 기도 제목을 놓고 매일 같은 기도를 반복할 수도 있습니다. 중언부언으로 기도하지 말라는 것은 공기만 파동시키는 바리새인들의 위선적인 기도를 경고한 것이지, 같은 기도를 계속하는 것을 금하는 것은 아닙니다. 진실한 기도라면 천만번 같은 기도를 해도 중언부언이 아닙니다.

다니엘은 유다가 회복될 때까지 매일 하루에 세 번씩 똑같은 기도를 했습니다. 진실한 간구가 담겨 있다면 어떤 기도도 중언부언하는 기도가 아닙니다. 중언부언하지 말라는 말은 하나님 앞에서 진실하게 간구하라는 말입니다.

흔히 밑져야 본전이라는 말을 많이 하는데, 밑져야 본전이라는 식으로 기도하면 안 됩니다. 간절한 마음으로 기도해야 합니다. 우리는 일할 때도 그 일에 모든 것이 달린 것처럼 일하고, 기도할 때도 그 기도에 모든 것이 달린 것처럼 기도해야 합니다.

기도하는데 왜 응답이 없습니까? 목숨 걸고 기도하지 않기 때문입니다. 사람들은 화려한 언어로 기도하면 잘 한 줄 알지만, 하나님은 화려한 언어에는 관심이 없습니다. '응답하시면 좋고, 안 하시면 말고' 하는 마음으로 기도하면 아무 소용이 없습니다. 학생이 최선을 다해서 공부하면 부모가 기뻐하고, 직원이 최선을 다해서 일하면 사장이 기뻐합니다. 그와 마찬가지로 우리가 최선을 다해서 기도할 때 하나님이 기뻐하시고 그 기도가 능력 있는 기도가 되게 하실 것입니다.

3. 다른 사람들을 위한 기도를 기뻐하십니다

중보기도란 남을 위해서 하는 기도를 말합니다. 중보기도는 이기심이 없는 기도이기 때문입니다. 내가 누군가를 위해 기도하는데, 그 사람이 복을 받을 준비가 되어 있지 않으면, 그 기도가 그대로 기도하는 사람에게 되돌아오게 된다고 성경은 말합니다. 우리는 서로가 공동체임을 확인하고 서로 사랑하기 때문입니다.

조지 뮬러가 가장 시간을 많이 들여 기도했던 제목이 있습니다. 그것은 자기가 어렸을 때부터 같이 삶을 나누었던 친구 다섯 명의 구원을 위해서 기도한 일이었습니다. 뮬러는 5명의 친구를 위해서 계속 기도했습니다. 한 사람, 두 사람 믿기 시작했습니다. 그런데 끝까지 안 믿는 친구가 두 사람이 있었습니다. 뮬러는 무려 52년간 두 친구의 구원을 위해서 기도했습니다.

뮬러가 노년이 되어 병석에 누워 마지막 설교를 하던 날, 그의 한 친구가 거기에 참석했다가 뮬러의 설교를 듣고 회개하고 예수를 믿게 되었습니다. 뮬러가 세상을 떠난 뒤, 또 한 친구는 자기를 위해서 52년간이나 기도했다는 소식을 듣고 감격하여 예수를 믿게 되었답니다.

우리는 다른 성도를 위해 많이 기도하고, 특별히 연약한 자와 힘들어하는 성도들에게 관심을 갖고 기도해야 합니다. 우리가 다른 성도를 위해 기도할 때 하나님은 우리 자신을 위해 움직여 주시고 복을 내려주실 것입니다.

말씀을 생각하며

1. 오늘의 말씀에서 가장 마음에 남는 말씀은 어떤 말씀입니까?

_____

_____

_____

_____

2. 왜 그 말씀이 마음에 남습니까?

_____

_____

_____

_____

3. 오늘 말씀을 읽고, 나의 신앙생활 속에서 고쳐야 할 점은 무엇입니까?

_____

_____

_____

_____

한 주간의 기도제목

나	
가 정	
교 회	

제12과
회개기도

마가복음 11:25
찬송 : 36(36), 144(144)

서서 기도할 때에 아무에게나 혐의가 있거든 용서하라 그리하여야
하늘에 계신 너희 아버지께서도 너희 허물을 사하여 주시리라 하시니
라(막 11:25)

죄 있는 자의 기도는 하나님이 받지 않으십니다. 하나님께 나아오는 자는
먼저 자기를 돌아보고, 자기의 죄를 고백함으로 하나님께 용서함을 받아야 합
니다. 그러므로 우리는 하나님께 나아와 먼저 우리의 죄를 회개하는 기도를
드려야 합니다.

1. 참회의 기도란

죄가 있는 상태로 하나님의 은혜를 입을 수 없으므로 예배의 서두 부분에
죄를 회개하는 기도를 합니다. 예배행위를 수행하기 위해서는 그분의 용서가
우리를 깨끗하게 해야 합니다. 하나님께서 가인의 예배를 받지 않으신 이유
중의 하나가 그에게 선한 행함이 없었기 때문입니다(창 4:5-7). 시편 기자는
"내가 내 마음에 죄악을 품으면 주께서 듣지 아니하시리라"(시 66:18)라고 함
으로, 마음의 죄악을 품은 채 하나님께 나갈 수 없음을 말합니다. 또한 이사야
의 주장처럼 "여호와의 손이 짧아 구원하지 못하심도 아니요 귀가 둔하여 듣지
못하심도 아니라 오직 너희 죄악이 너희와 너희 하나님 사이를 갈라 놓았고
너희 죄가 그의 얼굴을 가리어서 너희에게서 듣지 않으시게 함이니라"(사 59:1
-2)라고 하셨다.

제물을 가져온다 해도 죄를 품은 상태라면 하나님께서 열납하지 않으시며

가증히 여기십니다. 예수님도 제물을 제단에 드리다가 형제와 불화한 것이 있으면 먼저 가서 화목한 후에 예물을 드리라고 하셨는데, 여기에서도 은혜의 보좌 앞에 이르려면 회개가 선결 조건임을 알 수 있습니다.

죄의 고백은 본래의 예배의식이 시작되기 전에 있어야 마땅합니다. 현실적으로 범죄의 문제를 해결하지 못한 채 예배에 임하는 경우가 허다하기 때문에 예배의 한 순서로 넣는 것이 불가피합니다. 죄의 고백은 계시된 하나님의 뜻과 인격 앞에서 지정의로 자신의 죄책을 시인하는 것입니다.

2. 회개기도의 내용

개인의 죄든 회중의 죄든 민족의 죄든 죄가 용서되기 위해서는 죄의 고백이 선행되어야 합니다. 종교개혁자들은 이 부분을 중요시하여 예배의 앞부분에 고백의 기도를 하도록 하였습니다. 또한 그 내용에 있어서도 세 부분으로 나누었습니다. 죄의 고백(confession of sins), 용서를 비는 기도(plea for forgiveness), 그리고 말씀을 통한 사죄의 선언(scriptural words of pardon)입니다.

공중기도를 할 때 드려야 할 기도 내용으로는 개인과 회중과 민족의 죄를 자백해야 하며, 구체적으로는 간음, 살인, 우상숭배, 백성을 올바로 다스리지 못한 죄, 토색, 불의, 이방인과의 통혼, 거짓말, 사랑하지 못한 것, 율법파괴, 기타 등등입니다. 이런 것을 낱낱이 고백한 후 하나님의 자비와 사랑에 근거하여 용서를 구하고 사죄의 말씀으로 확신하는 것입니다.

하나님은 우리들을 사랑하시기 때문에, 우리가 참회하며 용서를 구할 때 가장 기뻐하시며 우리의 죄를 용서하여 주십니다.

3. 회개기도의 실제

우리가 참회의 기도를 하기 위해서는 지난 주 들었던 하나님의 말씀을 생각하는 것입니다. 우리가 말씀을 듣고 한 주간 그 말씀대로 살았는지 살펴보며,

잘못한 것을 회개하는 것입니다. 그리고 한 주 동안 나의 행위를 하나하나 생각해 보면서, 선하지 못하고, 선을 행하지 못한 것들을 회개하며 기도합니다.

"사랑의 하나님, 그 동안 우리들은 길 잃은 양처럼 주님을 떠나 세상에서 방황하여 왔습니다. 우리 마음속의 욕망과 계략을 따르면서 하나님의 법을 어겼습니다. 마땅히 해야 할 일, 하나님을 사랑하고, 말씀을 순종하며, 말씀 따라 살면서 선을 행하여야 함에도 선을 행하지 않았고, 오히려 행해서는 안 되는 일을 행하였습니다.

하나님과 이웃을 사랑함이 마땅하지만 이기심과 교만한 생각으로 우리만을 위하여 살았습니다. 남들 앞에 위선자가 되기도 했고 거짓말을 사실처럼 말하기도 했습니다. 우리뿐만 아니라 심각한 이 민족의 죄악도 불쌍히 여겨 주소서.

곳곳에서 우상숭배와 음란하고 퇴폐적인 일들이 난무하고 있습니다. 부정부패가 더욱 심각해지고 서로간의 신의를 저버리고 있습니다. 이 같은 죄악들을 겸손히 통회하며 자복하오니 용서하소서. 주님의 한없는 인자하심으로 우리의 죄를 가려 주시고 정결케 하소서. 그리하여 다시는 반복적인 죄에 빠지지 않게 하소서.

'너희 죄가 그의 이름으로 말미암아 사함을 얻으리라'고 하신 말씀을 믿고, 주 예수님의 이름으로 기도합니다. 아멘."

말씀을 생각하며

1. 오늘의 말씀에서 가장 마음에 남는 말씀은 어떤 말씀입니까?

_____

_____

_____

_____

2. 왜 그 말씀이 마음에 남습니까?

_____

_____

_____

_____

3. 오늘 말씀을 읽고, 나의 신앙생활 속에서 고쳐야 할 점은 무엇입니까?

_____

_____

_____

_____

한 주간의 기도제목

나	
가 정	
교 회	

제13과
중보기도

히브리서 9:15
찬송 : 251(137), 304(404)

이로 말미암아 그는 새 언약의 중보자시니 이는 첫 언약 때에 범한
죄에서 속량하려고 죽으사 부르심을 입은 자로 하여금 영원한 기업의
약속을 얻게 하려 하심이라(히 9:15)

우리가 기도할 때 흔히 자신과 가정에 관련된 기도일 뿐입니다. 나와 전혀
상관없는 사람을 위하여 기도하는 것이 중보기도입니다. 서로의 짐을 짊어지
는 기도입니다. 중보기도는 가장 구체적인 이웃사랑의 실천의 장이요, 하나님
이 가장 기뻐하시는 사역입니다.

중보기도는 단순히 다른 사람들의 문제를 안고 하나님께 나아가 아뢰는 것
이 아니라, 간구하는 사람이 다른 어떤 사람의 유익이나 또는 다른 어떤 사물
의 유익을 위해서 하나님께 요청하는 것을 의미합니다.

1. 중보기도의 중요성

중보기도란 하나님께 어떤 사람을 대신해 내가 나아가는 것입니다. 우리의
영원한 중보자라면 예수 그리스도이십니다. 중보기도는 주님께서 친히 우리에
게 보여주시고 계신 사역입니다. 예수님이 하나님과 인간 사이에 유일한 다리
가 되어주셨고, 인간과 인간 사이에도 다리가 되어 주셨습니다. 이처럼 둘 사
이에 다리가 되어서 하나님께로 나아가는 기도가 중보기도입니다.

"하나님은 한 분이시요 또 하나님과 사람 사이에 중보자도 한 분이시니 곧
사람이신 그리스도 예수라 그가 모든 사람을 위하여 자기를 대속물로 주셨으
니 기약이 이르러 주신 증거니라"(딤전 2:5-6).

하나님께 나아가는 중보자는 유일하신 예수님뿐입니다. 그는 대속의 사역을 완성하신 후 지금 하나님 우편에서 중보기도 사역을 계속하고 계십니다. 이렇게 기도의 본을 보이신 예수님을 따라서 우리도 남을 위한 기도자로서 중보기도를 하게 되었습니다. 중보기도라는 것은 유일한 중보자의 차원이 아니라 남을 위해서 기도하는 차원에서 말합니다.

중보기도는 모든 사역의 우선성을 갖습니다. "그러므로 내가 첫째로 권하노니 모든 사람을 위하여 간구와 기도와 도고와 감사를 하되"(딤전 2:1)라고, 사도 바울은 디모데에게 무엇보다도 중보기도의 사명자가 될 것을 요청하였습니다. 여기서 첫째라는 것은 두 번째를 전제한 순서상 첫째가 아니라 우선적으로, 무엇보다 중요한 것은 기도사역이라는 말씀입니다.

2. 중보기도의 내용

중보기도의 모범을 보여준 사람으로 구약에는 아브라함, 모세, 사무엘, 엘리야 등이 있으며, 신약에는 예수님, 바울 등이 있습니다. 중보기도의 내용은 왕, 가난한 사람, 위기에 처한 자, 죄지은 자를 위한 것과, 원수, 권력자, 연약한 신자, 미래의 신자, 추수할 일꾼, 민족, 위기에 처한 신자, 선교사를 위한 것들입니다. 대개 중보기도는 성별, 인종, 신, 불신자 사이의 차별을 두지 않으며, 또한 인간과 밀접한 자연과도 관계가 있으며, 정치, 경제, 문화, 교육적 상황도 반영되는 보편적인 기도입니다.

구약시대에는 일반 백성들보다 주로 제사장, 선지자, 왕이 중보기도를 하였지만, 신약에 와서는 왕 같은 제사장으로서의 그리스도인들이 타인의 신체적, 정신적, 영적 유익을 위해 기도합니다.

3. 중보기도의 예

우리는 기도할 때 누구를 위하여 기도할 것인가 생각해 보아야 합니다.

고난을 받는 사람, 병들어 아파하는 사람, 직장을 구하려는 사람 등등. 나의 기도가 필요한 사람을 생각해 보고 그들을 위하여 기도해야 합니다. 나아가 나라와 민족의 구원을 위하여, 교회의 사명과 성장을 위하여 기도해야 할 것입니다.

"이 시간 저희들이 마음을 합하여 하나님께 중보기도를 드립니다. 가뭄으로 인하여 먹을 물이 없어 애타는 자들을 위해 기도하오니, 저들에게 하늘의 비를 흡족히 내려 주소서. 가뭄과 기근으로 인하여 굶는 일이 없게 하시되, 특히 임산부와 유아들을 불쌍히 여겨 주소서. 엘리야의 기도를 들으사 하늘을 열어 비를 주신 여호와께서 이 땅 위에도 비를 주사 땅이 열매를 맺게 하소서. 그리하여 사람들로 하여금 여호와의 은혜를 깨닫게 하소서.

우상숭배를 그치게 하시고, 하나님을 섬김으로 복 받는 민족이 되게 하소서. 나아가서는 세계를 향해 선교하는 민족이 되게 하소서.

저희 교회를 위해 기도하오니, 교회가 이 지역에서 사명을 잘 감당하게 하시고, 늘 거룩함으로 지역의 빛이 되게 하시기를 원하나이다. 말씀에 충만하기 위하여 말씀을 읽고, 듣는 일에 게으르지 않게 하시고, 성령의 충만을 위하여 항상 기도하는 자들이 되게 하소서. 그래서 말씀과 성령으로 충만하여 원수를 이기고 승리하게 하소서.

온 성도들이 기쁨과 감사함으로 주님을 섬기게 하시며, 행함과 진실함으로 이웃을 섬기게 하소서.

예수님의 이름으로 간절히 기도합니다. 아멘."

말씀을 생각하며

1. 오늘의 말씀에서 가장 마음에 남는 말씀은 어떤 말씀입니까?

_____

_____

_____

_____

2. 왜 그 말씀이 마음에 남습니까?

_____

_____

_____

_____

3. 오늘 말씀을 읽고, 나의 신앙생활 속에서 고쳐야 할 점은 무엇입니까?

_____

_____

_____

_____

한 주간의 기도제목

나	
가 정	
교 회	

제14과
서원기도

신명기 23:21
찬송 : 219(279), 600(242)

네 하나님 여호와께 서원하거든 갚기를 더디하지 말라 네 하나님 여
호와께서 반드시 그것을 네게 요구하시리니 더디면 그것이 네게 죄가
될 것이라(신 23:21)

서원(誓願)이란 하나님이 자신의 소원을 들어주시거나 어떤 일을 면하게 해
주신다면 그 보답으로 하나님께 그 어떤 것을 드리기로 약속하는 것을 의미합
니다. 그 어떤 것은 물질일 수도 있고 봉사일 수도 있고 헌신일 수도 있습니다.

서원은 하나님과의 약속이기 때문에 반드시 지켜야 하는 것입니다. 지키지
못하거나 지키기 힘든 약속이라면 차라리 하지 않는 것이 좋습니다. 왜냐하면
서원을 하고도 지키지 않으면 죄가 되기 때문입니다.

1. 서원의 방법

서원은 기도나 제사장이나 공회 앞에서 하나님께 드리는 약속을 하는 것입
니다. 성경에 나오는 야곱의 서원이나 입다의 서원이나 한나의 서원은 모두
기도였습니다.

그리고 과거에 서원을 한 일이 있는데도 그 내용을 기억하지 못한다면 이는
서원을 매우 가볍게 여기는 행동입니다. 레위기 5:4-6에는 서원한 것을 잊고
이행하지 않는 행위도 잘못된 것이며, 이것을 사하기 위해서는 속죄제를 드려
야 한다고 규정하고 있습니다.

"만일 누구든지 입술로 맹세하여 악한 일이든지 선한 일이든지 하리라고
함부로 말하면 그 사람이 함부로 말하여 맹세한 것이 무엇이든지 그가 깨닫지
못하다가 그것을 깨닫게 되었을 때에는 그 중 하나에 그에게 허물이 있을 것이
니 이 중 하나에 허물이 있을 때에는 아무 일에 잘못하였노라 자복하고 그

잘못으로 말미암아 여호와께 속죄제를 드리되 양 떼의 암컷 어린 양이나 염소를 끌어다가 속죄제를 드릴 것이요 제사장은 그의 허물을 위하여 속죄할지니라"(레 5:4-6).

서원은 하나님 앞에서 이루어진 엄숙한 약속입니다. 그러므로 서원을 했다면 반드시 이를 기억하고 이행해야 합니다. 서원은 그것을 하고도 잊어먹을 만큼 경솔하게 해서는 안 된다는 것을 알아야 합니다. 서원은 하나님과의 약속이기 때문에 그 결과에 대해 반드시 책임을 져야 합니다.

2. 서원에 대한 성경의 예

1) 야곱의 서원

"야곱이 서원하여 이르되 하나님이 나와 함께 계셔서 내가 가는 이 길에서 나를 지키시고 먹을 떡과 입을 옷을 주시어 내가 평안히 아버지 집으로 돌아가게 하시오면 여호와께서 나의 하나님이 되실 것이요 내가 기둥으로 세운 이 돌이 하나님의 집이 될 것이요 하나님께서 내게 주신 모든 것에서 십분의 일을 내가 반드시 하나님께 드리겠나이다 하였더라"(창 28:20-22).

에서를 피해 도망을 가던 야곱은 하나님이 자신을 무사히 고향 땅으로 돌아오게 하면 벧엘에 제단을 쌓고 하나님께 소득의 십일조를 바치겠다는 서원입니다. 야곱은 하나님의 은혜로 에서와 극적으로 화해하고 무사히 고향 땅으로 돌아왔지만 벧엘 서원을 즉시 이행하지는 않았습니다. 그랬더니 그의 하나뿐인 딸 디나가 히위 족속 하몰의 아들 세겜에게 강간을 당하는 비극이 일어났습니다. 야곱은 자신의 잘못을 깨닫고 그 즉시 벧엘로 올라가서 서원을 이행했습니다.

2) 입다의 서원

"그가 여호와께 서원하여 이르되 주께서 과연 암몬 자손을 내 손에 넘겨주시면 내가 암몬 자손에게서 평안히 돌아올 때에 누구든지 내 집 문에서 나와서 나를 영접하는 그는 여호와께 돌릴 것이니 내가 그를 번제물로 드리겠나이다 하니라"(삿 11:30-31).

입다가 암몬 족속과의 전쟁에서 승리하고 집에 돌아왔을 때, 제일 먼저 입다를 맞이한 사람은 바로 입다가 사랑하는 무남독녀였습니다. 그러나 입다는 서원 때문에 결국 하나님과 한 약속을 지켰습니다. 입다의 서원 사건은 서원을 경솔하게 해서는 안 된다는 교훈을 주고 있습니다.

3) 한나의 서원

"한나가 마음이 괴로워서 여호와께 기도하고 통곡하며 서원하여 이르되 만군의 여호와여 만일 주의 여종의 고통을 돌보시고 나를 기억하사 주의 여종을 잊지 아니하시고 주의 여종에게 아들을 주시면 내가 그의 평생에 그를 여호와께 드리고 삭도를 그의 머리에 대지 아니하겠나이다"(삼상 1:10-11).

오랜 동안 자식이 없는 여인이 어렵게 낳은 아들을 하나님께 바친다는 것은 말같이 쉬운 일이 아닙니다. 한나는 서원을 이행함으로 말미암아 사무엘 외에도 아들 셋과 딸 둘을 더 낳는 복을 받았고(삼상 2:21), 그가 서원으로 얻은 아들인 사무엘은 이스라엘의 사사요 선지자요 제사장의 세 가지 직분을 맡은 위대한 인물이 되었습니다. 한나의 서원 사건은 서원을 합당하게 하고, 이것을 잘 이행하면 하나님의 은혜와 복을 받을 수 있다는 교훈을 주고 있습니다.

3. 서원의 이행

"네 하나님 여호와께 서원하거든 갚기를 더디하지 말라 네 하나님 여호와께서 반드시 그것을 네게 요구하시리니 더디면 그것이 네게 죄가 될 것이라 네가 서원하지 아니하였으면 무죄하리라 그러나 네 입으로 말한 것은 그대로 실행하도록 유의하라 무릇 자원한 예물은 네 하나님 여호와께 네가 서원하여 입으로 언약한 대로 행할지니라"(신 23:21-23).

서원이란 하나님과의 약속입니다. 모든 서원은 손해가 되더라도 반드시 이행해야 하며, 더디게 이행하는 것은 죄로 간주되었습니다.

대체로 서원은 다급한 때나 위기의 상황 또는 어떤 목적 달성 등을 위해서 하는 것입니다. 사려 깊지 못한 서원은 후에 이행의 어려움 때문에 무거운 짐이 되고, 그리고 부모가 자식을 위해 서원한 것이 그 자식의 적성 및 소질 등에 맞지 않아서 매일 매일을 괴로워하며 사는 예도 적지 않습니다.

그러므로 우리는 함부로 서원하지 말아야 하며, 부득이한 경우에는 신중하게 하나님의 뜻을 살피고, 자기 자신의 과거와 현재 그리고 미래에 대해 심사숙고한 후에 지킬 수 있는 서원을 해야 할 것입니다.

말씀을 생각하며

1. 오늘의 말씀에서 가장 마음에 남는 말씀은 어떤 말씀입니까?

_____

_____

_____

_____

2. 왜 그 말씀이 마음에 남습니까?

_____

_____

_____

_____

3. 오늘 말씀을 읽고, 나의 신앙생활 속에서 고쳐야 할 점은 무엇입니까?

_____

_____

_____

_____

한 주간의 기도제목

나	
가 정	
교 회	

제15과
금식기도

마태복음 6:16-18
찬송 : 263(197), 363(479)

> 금식할 때에 너희는 외식하는 자들과 같이 슬픈 기색을 보이지 말라
> 그들은 금식하는 것을 사람에게 보이려고 얼굴을 흉하게 하느니라 내
> 가 진실로 너희에게 이르노니 그들은 자기 상을 이미 받았느니라 너는
> 금식할 때에 머리에 기름을 바르고 얼굴을 씻으라 이는 금식하는 자로
> 사람에게 보이지 않고 오직 은밀한 중에 계신 네 아버지께 보이게 하
> 려 함이라 은밀한 중에 보시는 네 아버지께서 갚으시리라(마 6:16-18)

그리스도인의 신앙생활에서 금식기도는 반드시 따라야 합니다. 성경에는
금식기도의 사례가 많이 있습니다. 그리고 이런 금식기도로 말미암아 응답 받
는 경우도 많이 볼 수 있습니다. 예수님은 모든 일에 우리에게 신앙적인 본을
보여 주신 분입니다. 그가 하신 기도도 모범적인 기도로 우리가 본받아야 할
기도입니다.

1. 두 가지 금식

1) 자기를 위한 금식

금식이란 말은 '음식을 먹지 않는 일'을 말합니다. 사람이 음식을 먹지 않는
금식기도에는 자연히 고통이 따르게 됩니다. 그런데 금식하는 사람이 이와 같
은 자신의 고통을 다른 사람에게 자랑스럽게 보이려고 슬픈 기색을 내며, 그
얼굴을 흉하게 하는 사람들이 있습니다. 예수님은 이런 금식을 가리켜 외식하
는 금식이라고 말씀하시고, 이런 기도는 이미 자기의 상을 받았기 때문에 응답
을 받을 수 없다는 사실을 분명히 밝히신 것입니다.

2) 하나님을 향한 금식

이 금식은 은밀한 중에 보시는 하나님께 보이려고 하나님을 향하여 금식하는 일을 말합니다. 주님은 금식할 때에 머리에 기름도 바르고 얼굴도 씻으라고 하셨습니다. 주님이 이런 말씀을 하신 것은 금식의 자세가 자기를 다른 사람에게 나타내 보이려고 할 것이 아니라 그 중심을 하나님께 보여야 된다는 것을 교훈하신 것입니다.

2. 금식할 때

1) 자기 죄에 대한 슬픔을 하나님께 보이기 위해

하나님께서 아합과 같이 악한 자가 없다고 말씀하신 그 아합 왕에게도 그가 하나님 앞에 겸비한 마음으로 금식하며 죄 사함을 위해 기도했더니 이를 용납하시고, 그에게 내리실 재앙을 내리지 아니하셨습니다(왕상 21:21-29).

2) 하나님께 애절한 마음으로 간구할 때

다니엘이 모함을 받아 사자굴 속에 들어가게 되었을 때 왕은 사자굴 속에 들어간 다니엘을 위해 밤이 맞도록 금식하며 침수를 폐했다고 했습니다.

3) 어떤 사명을 받았을 때

안디옥교회에서 선교사를 파송하기 위해 기도하면서 금식했습니다. "주를 위해 금식할 때"성령께서 바나바와 사울을 따로 세우시고 선교사의 사명을 주시고 파송케 하셨습니다.

4) 민족적 수난을 당하게 되었을 때

이스라엘이 바벨론에 포로로 잡혀간 후, 바벨론이 메데 바사의 수중에 들어갔을 때 민족적인 일대 수난의 위기를 맞은 적이 있었습니다. 이때 유대인인 모르드개와 왕비 에스더가 이 사실을 하나님 앞에 고하고, 하나님의 긍휼하심을 얻기 위해 금식하며 기도했습니다. 이런 기도는 곧 하나님의 응답을 받아 죽음의 위기에서 살게 되었을 뿐 아니라 이런 악한 음모를 꾸민 자들이 오히려 죽임을 당하게 되었던 것입니다.

5) 하나님의 멸망의 경종이 임할 때

요나의 경종을 들은 니느웨 백성들은 '하나님을 믿고 금식을 선포하고 높고 낮은 자를 막론하고 굵은 베 옷을 입은지라 그 일이 니느웨 왕에게 들리매 왕이 보좌에서 일어나 왕복을 벗고 굵은 베 옷을 입고 재 위에 앉으니라 '(욘 3:5-6)고 했습니다. 그리고 그들이 금식하며 힘써 여호와께 부르짖었더니 하나님께서 그들이 죄악의 길에서 돌이켜 회개하는 모습을 보시고 재앙을 내리지 아니하셨다고 했습니다.

6) 환난 날에 금식해야 합니다

하나님께서는 요엘 선지자를 통해서 '너희는 이제라도 금식하고 울며 애통하고 마음을 다하여 내게로 돌아오라'고 하셨습니다. 진실한 금식기도로 환난 날에 하나님의 특별하신 은혜로 보호를 받을 수 있습니다.

금식은 주님이 기뻐하십니다. 그러나 금식은 자랑도 아니며 공로도 아니며 의식도 아닙니다. 우리의 목소리가 하나님께 상달되게 하는 데 목적이 있습니다. 외식적인 금식이나 의미가 없는 금식은 하나님이 원치 아니하시며 우리에게도 아무런 의미가 없는 것입니다. 하나님을 향한 진실한 마음과 교회를 섬기려는 뜨거운 열정이 있어야 하는 것입니다.

말씀을 생각하며

1. 오늘의 말씀에서 가장 마음에 남는 말씀은 어떤 말씀입니까?

_____

_____

_____

_____

2. 왜 그 말씀이 마음에 남습니까?

_____

_____

_____

_____

3. 오늘 말씀을 읽고, 나의 신앙생활 속에서 고쳐야 할 점은 무엇입니까?

_____

_____

_____

_____

한 주간의 기도제목

나	
가 정	
교 회	

제16과
주님이 가르쳐 주신 기도

마태복음 6:9-13
찬송 : 420(212), 361(480)

그러므로 너희는 이렇게 기도하라 하늘에 계신 우리 아버지여 이름이
거룩히 여김을 받으시오며 나라가 임하시오며 뜻이 하늘에서 이루어진
것 같이 땅에서도 이루어지이다 오늘 우리에게 일용할 양식을 주시옵고
우리가 우리에게 죄 지은 자를 사하여 준 것 같이 우리 죄를 사하여 주
시옵고 우리를 시험에 들게 하지 마시옵고 다만 악에서 구하시옵소서 나
라와 권세와 영광이 아버지께 영원히 있사옵나이다 아멘(마 6:9-13)

주님이 가르쳐주신 기도문은 대표적인 기도의 원리를 보여주시는 말씀입니
다. 이것은 주문처럼 생각하는 사람들이 있는데 이는 잘못된 생각입니다. 오늘
본문의 한 구절 한 구절을 살펴보면서 기도의 원리를 익히고 바른 기도를 통하
여 바르게 기도하기를 바랍니다.

1. 하늘에 계신 아버지여

이것은 기도의 대상을 알려 주시는 말씀입니다. 만일 기도하는 사람이 기도
의 대상에 대하여 분명한 확신과 기본 자세가 잘못되면 이는 마치 이방종교의
기도처럼 막연한 대상을 향한 의미 없는 기도가 되고 맙니다. 그러므로 우리는
기도할 때 우리의 삶 속에 살아 계셔서 우리의 기도를 듣고 응답하시는 하나님
을 확실히 알고 기도해야 합니다.

2. 이름이 거룩히 여김을 받으시오며

이것은 기도의 목적을 가르쳐 주시는 말씀으로, 영광과 찬송을 돌리는 기도
인 동시에 나아가 우리를 통해 하나님의 이름이 세상에서 존귀해지고, 영광스
럽게 높아지기를 구하는 내용입니다.

우리는 하나님의 영광을 입으로만 찬양할 것이 아니라, 우리의 삶을 통하여 가정과 교회 그리고 사회에서 참된 신앙의 모습을 보임으로 하나님의 영광을 드러낼 수 있는 자들이 되어야 합니다.

3. 나라이 임하옵시고

여기에서 나라는 통치를 뜻하며, 하나님이 오셔서 다스려 달라는 기도입니다. 하나님이 우리의 주인이 되시면 우리의 마음, 가정, 자녀, 사업 등, 모든 것에 심령의 천국이 이루어지며 곧 하나님의 나라가 됩니다. 우리의 교회도 하나님이 다스려 주셔야 은혜와 사랑과 관용과 기쁨이 충만하여 교회천국이 이루어지게 됩니다.

4. 뜻이 하늘에서 이룬 것 같이 땅에서도 이루어지이다

이 말씀은 하늘의 세계가 하나님의 뜻에 따라 이 땅에도, 나에게도, 교회에도 하나님의 계획이 이루어지게 해달라고 하는 기도입니다.

하나님의 뜻을 이루어지려면 내 뜻과 내 주장, 내 생각은 온전히 버리고 하나님의 뜻만 찾아야 합니다. 그러므로 우리는 하나님의 뜻을 분별하여 선하시고 기뻐하시는 뜻만 세워갈 때 우리는 온전한 삶을 살아가게 됩니다.

5. 일용할 양식을 주옵시고

이것은 매일 매일 영육간의 필요한 것을 달라는 간구입니다. 양식이란 사치나, 탐욕이 아닌 기본적인 생존에 필요한 음식이기 때문에 구하여야 합니다. 그리고 영의 양식도 구하여야 합니다. 영의 양식은 하나님의 말씀이며, 하나님의 뜻을 행하므로 얻는 영적 능력을 의미합니다.

6. 우리가 우리에게 죄 지은 자를 사하여 준 것 같이 우리 죄를 사하여 주옵시고

이것은 사람과의 화목, 하나님과의 화목을 통한 영적 교통을 유지하라는 뜻입니다. 우리는 날마다 화목을 이루어 가는 삶을 구해야 합니다. 사람 사이에, 하나님 사이에 바른 관계를 구해야 하는 것입니다. 구원받은 성도가 하나님과의 영적 원만한 관계를 가지기 위해 형제간의 관계를 회복하는 것을 의미합니다.

7. 우리를 시험에 들게 하지 마옵시고

이것은 죄악된 세상에서 변질됨 없이 순수하게 믿음을 지켜 나가게 해달라는 기도입니다. 또한 시험에 들게 하지 말게 해 달라는 기도입니다. 우리가 시험에 빠지지 않는 길은 영적인 전신갑주로 항상 무장하고 사는 것입니다(엡 6:13).

8. 다만 악에서 구하옵소서

성도가 아무리 조심하고 준비하고 살려고 해도 악한 마귀의 세력이 급습할 때면 이겨낼 수가 없습니다. 그러므로 우리는 항상 하나님의 보호와 지키심을 입어나갈 때만이 안전할 수 있고 평안히 살아갈 수 있습니다. 주님께 모든 것을 의뢰하는 삶을 살아야 하는 것입니다.

9. 나라와 권세와 영광이 아버지께 영원히 있사옵나이다

기도의 성취는 나라(통치권)와 권세(정권)와 영광(권위)이 하나님께만 있기에 하나님이 이루시고 영광 받아 달라는 것입니다. 즉, 감사와 찬송과 영광을 다시 한 번 돌려 드리는 동시에 이러한 영광 돌림과 찬송 돌림이 항상 이루어지게 해달라는 기도입니다.

10. 아멘

'아멘'이란 '그렇게 되기를 믿는다'는 뜻입니다. 우리는 하나님의 뜻에 맞는 기도는 이루어질 것을 믿고 "아멘" 하는 것이며, 이것을 입으로만 하지 말고 이루어질 것을 믿고 나가야 합니다.

말씀을 생각하며

1. 오늘의 말씀에서 가장 마음에 남는 말씀은 어떤 말씀입니까?

_____

_____

_____

_____

2. 왜 그 말씀이 마음에 남습니까?

_____

_____

_____

_____

3. 오늘 말씀을 읽고, 나의 신앙생활 속에서 고쳐야 할 점은 무엇입니까?

_____

_____

_____

_____

한 주간의 기도제목

나	
가정	
교회	

제2장
성경의 기도를 따라서

제17과
아브라함의 중보기도

창세기 18:22-33
찬송 : 569(442), 390(444)

아브라함이 또 이르되 주는 노하지 마옵소서 내가 이번만 더 아뢰리
이다 거기서 십 명을 찾으시면 어찌 하려 하시나이까 이르시되 내가
십 명으로 말미암아 멸하지 아니하리라 여호와께서 아브라함과 말씀을
마치시고 가시니 아브라함도 자기 곳으로 돌아갔더라(창 18:32-33)

성도들이 기도의 특권을 누리는 것은 너무 중요합니다. 믿음의 삶에 있어서 기도만큼 중요한 것은 없습니다. 믿음의 성장은 기도생활을 통해 이루어진다고 해도 과언이 아닙니다. 기도하지 않는 사람은 믿음이 자라지 못합니다. 그렇기 때문에 하나님은 바로 여기에서 아브라함을 기도의 사람, 특별히 중보기도하는 사람으로 세워나가는 것을 볼 수 있습니다.

1. 하나님께 가까이 나아갔습니다

기도생활에서 가장 중요한 것은 하나님과의 친밀한 교제입니다. 흔히 우리는 기도란 내가 필요한 것을 하나님 앞에 주문해서 얻는 것이라고 생각합니다. 그러나 기도는 단순히 구하는 것이요, 그에 따른 응답이라고만 볼 수 없습니다. 기도는 하나님을 만나는 것이고, 하나님과 교제하는 것입니다. 하나님과 함께 있는 것입니다.

오늘 본문 22절을 보면, "그 사람들이 거기서 떠나 소돔으로 향하여 가고 아브라함은 여호와 앞에 그대로 섰더니"라고 합니다. 아브라함은 하나님 앞에 서 있었습니다. 또 23절에 보면, "가까이 나아가"라고 말합니다. 이것은 아브라함이 하나님 앞에 서 있는 것, 그리고 하나님께로 가까이 나아가는 것을 보

여 줍니다. 이것이 바로 기도의 시작입니다. 그러므로 사랑하는 성도 여러분 하나님을 믿되 하나님과 친해지시기 바랍니다. 개인적으로 친해지시기를 바랍니다.

2. 겸손하게 기도하였습니다

참된 기도는 내가 누구인가 하는 인식에서부터 출발합니다. 아브라함은 "나는 티끌이나 재와 같사오나 감히 주께 아뢰나이다"라고 합니다. 이것이 아브라함의 자기 인식입니다. 티끌이란 단어는 먼지를 말합니다. 우리는 흙에서 취함을 입었습니다. 그것은 곧 먼지와 같은 것입니다. 어느 날 우리는 다시 그 흙으로 돌아갑니다. 이것이 피조물성(被造物性)의 인식입니다. 티끌 같은 존재라는 것은 자기를 낮추는 것이며, 자기의 존재를 바르게 인식하는 것입니다. 겸비하다는 것은 열등감과 다릅니다. 열등감에 사로잡힌 사람들은 기도하지 않습니다.

〈그리스도를 본받아〉라는 책을 쓴 토마스 아 캠피스는 기도의 자세에 대해 두 가지를 말했습니다. 하나는 겸손이고 다른 하나는 용기입니다. 겸손과 용기가 없이는 아무도 기도의 사람이 될 수 없다는 것입니다. 아브라함은 하나님께 겸손과 용기를 가지고 기도했다는 사실을 알 수 있습니다.

아브라함은 "나는 티끌의 한 부분에 불과합니다. 하나님의 도움 없이 아무것도 할 수 없습니다. 그러나 감히 하나님께 기도합니다."라는 태도로 용기 있게 기도합니다. 이런 고백은 하나님을 기쁘시게 합니다.

3. 하나님의 공의를 간구하였습니다

아브라함은 거의 하나님께 대들면서 기도합니다. "주께서 의인을 악인과 함께 멸하려 하시나이까(23절), 주께서 이같이 하사 의인을 악인과 함께 죽이심은 부당하오며 의인과 악인을 같이 하심도 부당하니이다 세상을 심판하시는 이가 정의를 행하실 것이 아니니이까"(25절). 세상을 심판하시는 하나님, 하나님은 공의를 마땅히 행하시는 하나님이 아니냐고 항의와 시위를 하면서 하나님의 의에 호소합니다.

50명에서 45명으로, 다시 40명으로, 30명, 20명, 10명으로 숫자를 바꿀 때마다 아브라함은 얼마나 부끄러웠겠습니까? 그러나 아브라함은 마치 자신이 그 소돔성에 사는 것처럼, 자기가 당하는 문제인 것처럼 하나님께 매달립니다. 아브라함은 자신을 위한 기도가 아니라 소돔성과 그곳에 사는 자기 조카 롯을 위해 기도했습니다.

진정한 믿음의 사람은 복의 근원으로 이 땅을 사는 사람입니다. 나의 문제가 아닌 다른 사람의 문제를 위해 기도할 수 있고, 나의 집이 아닌 사회와 나라를 위해 기도할 수 있습니다. 그렇기 때문에 중보기도는 우리들의 시야를 넓히고, 기도하는 우리들을 변하게 하며, 그 사람을 거룩하게 합니다.

아브라함의 기도 후에 소돔과 고모라는 멸망을 받았지만, 롯은 심판 중에 구원을 받았습니다. 오늘 이 사회를 바라보며 우리가 드려야 할 중보기도가 무엇인지 헤아려 봅시다. 우리가 이 사회를 위해 중보해야 할 뿐 아니라, 이 사회를 멸망에서 구원케 하는 의인 10인으로서의 삶을 살아야겠습니다.

말씀을 생각하며

1. 오늘의 말씀에서 가장 마음에 남는 말씀은 어떤 말씀입니까?

_____

_____

_____

_____

2. 왜 그 말씀이 마음에 남습니까?

_____

_____

_____

_____

3. 오늘 말씀을 읽고, 나의 신앙생활 속에서 고쳐야 할 점은 무엇입니까?

_____

_____

_____

_____

한 주간의 기도제목

나	
가 정	
교 회	

제18과
이삭과 리브가의 기도

창세기 25:1-26
찬송 : 425(217), 435(492)

이삭이 그의 아내가 임신하지 못하므로 그를 위하여 여호와께 간구하매 여호와께서 그의 간구를 들으셨으므로 그의 아내 리브가가 임신하였더니(창 25:21)

이삭의 기도는 결혼 후에 자식이 없는 것에 대하여 여쭤보는 기도가 아니라 자기가 원하는 것을 달라고 간구하는 기도입니다. 한편 쌍둥이를 잉태한 리브가는 태중에서 싸우는 아이들을 어떻게 해야 하는지 묻는 것이라기보다, 왜 이런 일이 일어나는지 묻는 것입니다.

1. 이삭은 아내를 위하여 기도하였습니다

이삭은 40세에 리브가를 취하여 결혼을 했습니다. 그런데 리브가는 시어머니를 닮아서인지 자식을 낳지 못하는 것이었습니다. 노총각이 되어 결혼을 했으니 자식을 얼마나 기다렸겠습니까? 또 약속의 자녀이고 이삭이 독자이니 대를 잇기 위해서라도 얼마나 바라고 기다렸겠습니까? 이삭은 인간적인 방법을 모색하지 않고 하나님께 문제를 들고 나아가 하나님께 간구했습니다. 이것이 이삭의 믿음입니다.

그는 한 가지 기도의 제목을 가지고 20년 동안이나 줄기차게 기도하는 인내와 끈기의 사람이었습니다. 사단이 끊임없이 그 마음속에 불신을 심었을 것입니다. '네 아버지도 10년 기다리다 못해 첩을 뒀잖아! 너는 뭐라고 아버지보다 5년, 6년 더 기다리니? 나이가 많아지면 안 돼. 아기 못 놓아'라고, 갖은 불신을 심었을 것입니다. 그러나 그는 기도로서 마음의 불신을 물리치고 마침내 믿음의 승리를 거두었습니다. 하나님은 그의 낙망치 않고 끈질기게 간구하는 기도 소리를 들으시고 쌍둥이를 주셨습니다.

아브라함은 자기 아내를 위하여 기도한 것이 없는데, 이삭은 아내를 위하여 기도하였습니다. 이들은 연애하지 않고 결혼했으므로 아내를 삼고 사랑하였고 (24:67), 서로 사랑하기 때문에 20년 동안 자녀가 없어도 조금도 흔들림이 없이 여전히 그 아내를 위하여 기도하고 있습니다. 이러므로 하나님은 그들에게 복을 주셨습니다(25:11).

우리는 부부가 서로 기도하여야 함을 배워야 합니다. 남편이 그 아내를 위하여, 아내가 그 남편을 위하여 간구하면 하나님이 더욱 사랑해 주실 것입니다.

2. 리브가는 태중의 아이들을 위하여 기도했습니다

우리는 어려움을 겪을 때 우리 나름대로 해결책을 생각하여 그것을 이루어 달라고 기도하는 경우가 많습니다. 그러나 그보다 더 좋은 기도는 어려움의 목적과 원인과 해결 방법을 먼저 여쭤보는 것입니다.

이삭의 기도로 임신하게 된 리브가에게는 문제가 생겼습니다. 쌍둥이를 가졌는데, 태속의 아이들이 심하게 싸웁니다. 그래서 리브가는 큰 고통을 겪게 됩니다. 리브가는 참다못해 왜 이런 일이 일어나는지 하나님께 여쭤보는 기도를 드립니다. 리브가는 태속의 자녀들이 싸우지 않게 해달라고 간구한 것도 아니고 고통을 덜어달라고 간구한 것도 아닙니다. 먼저 하나님의 뜻을 여쭤본 것입니다.

여호와께서 응답하시기를 "두 국민이 네 태중에 있구나 두 민족이 네 복중에서부터 나누이리라 이 족속이 저 족속보다 강하겠고 큰 자는 어린 자를 섬기리라"고 하셨습니다.

우리는 기도할 때, 왜 우리가 고통을 당하며, 그 이유가 무엇인지 여쭤보는 것이 좋습니다. 하나님이 그 고통을 통해 어떤 유익을 주실지 알게 되면 우리는 희망 속에 고통을 이겨낼 수 있습니다.

리브가가 기도함으로써 하나님이 자기의 자녀를 통해 두 민족을 세워주실 것이라는 말씀을 들었습니다. 그리고 그들에게 이루어질 일에 대해 들었습니다. 그래서 희망 속에 고통을 이겨낼 수 있게 된 것입니다.

3. 고통의 원인을 알고 기도합니다

고통의 원인을 알고, 거기에 맞게 기도하고 노력하면 속히 평안을 회복할 수 있습니다. 만일 고통이 죄 때문에 받는 징계라면 속히 그 죄를 회개하고 삶을 고쳐 새로운 복을 받을 수 있습니다. 그 고통이 훈련으로 주시는 것이라면, 그 훈련을 잘 받고 성숙한 사람이 되게 해달라고 기도하고 노력하면 그 목적이 더 빨리 이루어지고 고통은 사라질 것입니다.

나아가 고통을 해결할 수 있는 방법을 여쭤보는 것도 좋습니다. 그래서 하나님이 그 방법을 가르쳐주시면 그것을 위해 기도하며 노력하여 고통을 해결하고 새로운 삶을 살아갈 수 있습니다.

하나님이 주시는 희망을 바라보며 어려움을 이겨내고, 또 하나님이 주시는 해결방법을 배워 그것을 위해 기도하고 노력함으로써 새로운 은혜와 복을 누릴 수 있는 것입니다. 우리 모두 하나님께 여쭤보는 기도를 통해 삶의 문제가 해결되고 은혜가 충만한 삶을 살 수 있기 바랍니다.

말씀을 생각하며

1. 오늘의 말씀에서 가장 마음에 남는 말씀은 어떤 말씀입니까?

_____

_____

_____

_____

2. 왜 그 말씀이 마음에 남습니까?

_____

_____

_____

_____

3. 오늘 말씀을 읽고, 나의 신앙생활 속에서 고쳐야 할 점은 무엇입니까?

_____

_____

_____

_____

한 주간의 기도제목

나	
가 정	
교 회	

제19과
이삭의 축복 기도

창세기 27:27-29
찬송 : 546(399), 375(421)

그가 가까이 가서 그에게 입 맞추니 아버지가 그의 옷의 향취를 맡
고 그에게 축복하여 이르되 내 아들의 향취는 여호와께서 복 주신 밭
의 향취로다 하나님은 하늘의 이슬과 땅의 기름짐이며 풍성한 곡식과
포도주를 네게 주시기를 원하노라 만민이 너를 섬기고 열국이 네게 굴
복하리니 네가 형제들의 주가 되고 네 어머니의 아들들이 네게 굴복하
며 너를 저주하는 자는 저주를 받고 너를 축복하는 자는 복을 받기를
원하노라(창 27:27-29)

이삭이 살던 당시 이스라엘의 풍습에 몸이 쇠약해져서 죽을 때가 가까워지
면 장남에게 축복하는 예가 있었습니다. 원칙으로는 에서가 축복을 받아야 하
는데, 장자권에 대한 갈망이 대단한 야곱과 그의 어머니 리브가의 작전에 의해
야곱이 축복기도를 받게 됩니다. 오늘은 야곱의 관점에서 살피기보다는 성경
에서 자녀에 대한 축복기도를 어떻게 해 주었는지 살펴보겠습니다.

1. 축복기도의 내용

1) 여호와의 복 주신 밭의 향기가 되기를 간구했습니다

시편 128:3에서 자녀를 감람나무로 비유합니다. 감람나무는 열매를 통해
기름을 얻게 되는데, 그 기름의 향취와 자녀의 향취를 같이 비교할 수 있습니
다. "내 아들에게서 하나님께서 주신 복의 향기가 나는구나. 이 향기가 대대손
손 하나님의 섭리 가운데 계속되기를 바란다"라는 간구의 기도입니다.

2) 풍성함의 복을 빌었습니다

"하나님은 하늘의 이슬과 땅의 기름짐이며 풍성한 곡식과 포도주를 네게

주시기를 원하노라"(28절). 자녀가 넉넉하게 살기를 바라는 마음으로 복을 빕니다. 곡식의 풍성함과 물질의 풍요로움이 하나님께로부터 오는 것임을 알고, 자녀가 하나님의 넉넉한 복 받기를 간구하는 내용입니다.

3) 다스리는 복, 복의 근원이 되는 복을 빌었습니다

"만민이 너를 섬기고 열국이 네게 굴복하리니 네가 형제들의 주가 되고 네 어머니의 아들들이 네게 굴복하며"(29). 하나님께서 아브라함을 선택하실 때, 아브라함에게 제시한 복의 내용에도 "큰 민족을 이루고… 이름을 창대하게"(창 12:2) 하시겠다고 말씀하셨습니다.

또 아브라함에게 복의 근원이 되는 복을 말씀하시면서 "너를 축복하는 자에게는 내가 복을 내리고 너를 저주하는 자에게는 내가 저주하리니"(창 12: 3, 27:29)라는 말씀에 근거하여 자녀를 축복하여야 합니다.

2. 자녀를 축복할 때 주의할 점

1) 경쟁의식을 심어주지 말아야 합니다

이삭이 야곱을 축복할 때 경쟁적인 축복을 해주었습니다. 야곱이 형제들의 주가 될 것이라고 했습니다. 그러니까 에서에게는 야곱의 종이 되라는 말밖에 할 수 없는 것입니다. 우리는 축복할 때 경쟁적이거나 배타적인 축복은 피해야 합니다. 1등을 하게 해달라거나 남들보다 더 우수한 사람이 되게 해달라는 축복은 피해야 합니다. 그냥 공부 잘하고 유능하고 번성하게 해달라는 풍성한 축복을 해주면 족합니다.

2) 하나님의 은혜를 제한하지 말아야 합니다

당대 사람들은 세상의 물질이 제한되어 있어서 한 사람이 많이 받으면 다른 사람은 적게 받는다고 생각했습니다. 그래서 곡식과 재물의 축복을 야곱에게 하고 나니까 에서에게는 축복할 게 없다고 생각한 것입니다. 이것은 오해입니다. 하나님은 복의 근원이시며, 세상을 창조하신 분이십니다. 야곱에게 재물의 복을 다 주어도 에서에게 또 해줄 수 있습니다. 경쟁적인 축복은 하나님의 전능하심을 잘 알지 못하는 연약한 모습이기도 합니다.

요즈음 세대들은 과다한 경쟁사회 속에 살고 있습니다. 이러한 결과는 공동체적인 삶을 살 수 없는, 자기만 아는 사람을 만들게 합니다. 함께 더불어 살아가는 사람으로 양육할 수 있도록 하여야 합니다.

이삭은 정말 믿음이 좋은 사람이었습니다. 기도는 확실히 응답된다고 확신하고 있었습니다. 그러나 우리는 구한 것은 이루어진다는 확신, 반드시 가장 좋은 것으로 이루어진다는 확신의 기도로서, 우리 자신과 가족과 이웃에게 큰 복을 끼칠 수 있기 바랍니다.

경쟁적인 축복이 아니라, 각자에게 풍성히 임하는 하나님의 은혜를 누릴 수 있도록 축복함으로써, 모든 이웃에게 은혜를 끼치는 복된 삶을 살 수 있기 바랍니다.

말씀을 생각하며

1. 오늘의 말씀에서 가장 마음에 남는 말씀은 어떤 말씀입니까?

_____

_____

_____

_____

2. 왜 그 말씀이 마음에 남습니까?

_____

_____

_____

_____

3. 오늘 말씀을 읽고, 나의 신앙생활 속에서 고쳐야 할 점은 무엇입니까?

_____

_____

_____

_____

한 주간의 기도제목

나	
가 정	
교 회	

제20과
벧엘에서 드리는 야곱의 기도

장세기 28:16-22
찬송 : 338(364), 549(431)

야곱이 잠이 깨어 이르되 여호와께서 과연 여기 계시거늘 내가 알지
못하였도다 이에 두려워하여 이르되 두렵도다 이곳이여 이것은 다름
아닌 하나님의 집이요 이는 하늘의 문이로다 하고 야곱이 아침에 일찍
이 일어나 베개로 삼았던 돌을 가져다가 기둥으로 세우고 그 위에 기
름을 붓고 그 곳 이름을 벧엘이라 하였더라 이 성의 옛 이름은 루스더
라(창 28:16-19)

야곱은 형 에서의 장자권을 가로채고, 형에게 내릴 아버지의 축복도 가로챘
습니다. 야곱은 형 에서의 낯을 피하여 브엘세바를 떠나 외삼촌이 살고 있는
하란을 향하여 가는 도중에 벧엘에서 해가 졌습니다. 그곳에서 돌을 베개하고
기도하며 자는데 꿈에 본즉, 땅 위 사닥다리가 하늘에까지 닿아 하나님의 사자
가 오르락내리락합니다. 야곱과 하나님 사이에 대화의 계단이 마련되어 꿈속
에서 야곱이 번민하고 간절히 구하는 기도를 하나님께 전달하고 하나님의 응
답을 야곱에게 전달하기 위하여 사닥다리를 오르락내리락하는 것입니다.

1. 땅에서 하늘까지 연결된 기도

야곱은 참으로 귀한 꿈을 꾸었습니다. 땅에서 본 사닥다리의 꼭대기가 하늘
에까지 닿았다고 했습니다. 기도하는 사람은 언제나 홀로 있는 것이 아닙니다.
외로운 사람이 아닙니다. 가난한 사람이 아닙니다. 그리고 약한 사람이 아닙니
다. 왜냐하면 하나님의 보좌와 연결되어 있기 때문입니다. 하나님의 보좌로부
터 도우심이 함께 하는 줄 믿으시기 바랍니다. 우리가 하나님께 드리는 기도는
곧 하나님께 필요한 모든 것을 공급 받는 축복의 통로가 되는 것입니다.

누가복음 15장에 보면 탕자의 비유가 나옵니다. 그가 왜 굶어 죽게 되었습니
까? 아버지 집에는 재산과 먹을 것이 많이 있었습니다. 그러나 그가 아버지를

떠났기 때문입니다. 그가 나중에 회개하고 집에 돌아오는 모습을 본 아버지는 아직도 거리가 먼데, 거지꼴이 되어 돌아오는 자식을 측은히 여겨 달려가 목을 안고 입을 맞추었습니다. 그리고 종들을 시켜 제일 좋은 옷을 내어다가 입히고 손에 가락지를 끼우고 발에 신을 신기라고 했습니다. 또한 살진 송아지를 잡아 잔치를 베풀었습니다.

우리 하나님은 누구든지 하나님 품으로 돌아오기만 하면 긍휼과 자비를 베풀어주십니다. 어떤 실패와 절망과 좌절 속에 있을지라도 기도하면서 하나님을 만나기를 바랍니다. 하나님이 함께 하시지 아니하면 절대로 우리 인생의 목적을 달성할 수 없고, 스스로 자기 생명을 지탱할 수도 없습니다.

우리는 이 땅에 사는 동안 기도를 통해 늘 하나님과 교통하는 삶을 살아야 합니다. 아무리 인간의 노력과 수단으로 완벽한 준비를 했다 할지라도, 우리가 기도로 하나님과 교통하는 삶이 이루어지지 아니하면 실패할 수밖에 없습니다. 늘 주님과 신령한 교제가 이루어지기를 바랍니다.

2. 하나님의 보좌를 움직인 기도

하나님의 사자가 오르락내리락했다는 것은 천사들이 인간의 간구를 하나님께로 가져가고, 하나님의 은총을 인간에게 가져다주는 것을 의미합니다. 야곱의 기도는 하나님의 보좌를 움직인 기도였습니다. 사도행전 7:55에 보면 스데반이 순교를 당할 때에 "스데반이 성령 충만하여 하늘을 우러러 주목하여 하나님의 영광과 및 예수께서 하나님 우편에 서신 것을 보고"라고 말씀했습니다. 왜 스데반이 순교당할 때 예수님이 우편에 서 계셨을까요? 스데반이 끝까지 승리하도록 도와주기 위해서입니다.

우리는 비록 땅에 속해 있는 낮고 천한 존재지만 주님의 피로 값 주고 산 하나님의 자녀입니다. 그러므로 하나님께서 항상 우리 곁에서 우리를 눈동자 같이 지키시고 보호해 주시고 인도해 주시는 사실을 믿어야 합니다.

예레미야 29:12-13에 보면 "너희가 내게 부르짖으며 내게 와서 기도하면 내가 너희들의 기도를 들을 것이요 너희가 온 마음으로 나를 구하면 나를 찾을 것이요 나를 만나리라"고 말씀했습니다. 우리의 기도는 하나님의 보좌를 움직입니다. 이스라엘이 미디안과 싸울 때, 엘리야가 갈멜산에서 바알과 아세라 선지자와 싸울 때에도 하나님이 보좌에서 역사하셨습니다. 우리가 살고 있는 이 땅은 영적인 전쟁터와 같으므로 하나님께 기도하여 하나님의 보좌를 움직일 때 영적 싸움에서 승리하게 될 줄 믿어야 합니다.

3. 전 생애를 하나님 앞에 보장 받은 기도

하나님은 야곱에게 약속의 말씀을 주셨습니다. "내가 너와 함께 있어 네가 어디로 가든지 너를 지키며 너를 이끌어 이 땅으로 돌아오게 할지라 내가 네게 허락한 것을 다 이루기까지 너를 떠나지 아니하리라 하신지라"(15절). 야곱은 벧엘의 기도를 통해 하나님께서 함께 해주시고, 그가 어디로 가든지 지켜주시며, 그에게 허락한 것을 다 이루기까지 그를 떠나지 아니하시겠다는 보장을 받았습니다. 또한 "땅의 모든 족속이 너로 말미암아 복을 얻을 것이라"고, 그의 자손에게 까지도 복을 주시겠다고 약속하셨습니다. 이것은 그의 전 생애에 대한 하나님의 약속입니다.

야곱이 라반의 집에 머무는 20년 동안 고생한 것도 사실이지만, 레아와 라헬 두 아내와 두 여종과 열한 아들(베냐민은 아직 태어나기 전)과 많은 가축을 얻었습니다. 또 얍복강 가에서 밤이 새도록 하나님의 천사와 씨름하여 복을 받음으로, 결국에는 형 에서와도 화해를 하게 되었습니다. 하나님께서는 야곱이 간구한 대로 함께 하시고, 지키시고, 먹을 양식과 입을 옷을 주시고, 평안히 아비 집으로 돌아가게 하시는데, 야곱은 하나님의 은혜에 대한 감사의 약속을 지켜야 하는 것을 잊고 있었습니다.

야곱은 그가 베었던 돌로 기둥을 세우고 그 위에 기름을 부어 그 돌을 성결하고 거룩하게 구별하였습니다. 그리고 그곳의 이름을 벧엘이라고 불렀습니다. 벧엘이란 '하나님의 집'이라는 뜻입니다. 그곳에서 하나님께서 그에게 나타나시고 말씀하셨기에 그렇게 부른 것입니다. 야곱이 벧엘에서 드린 기도는 땅에서 하늘까지 연결된 기도, 하나님의 보좌를 움직인 기도, 그의 전 생애를 하나님 앞에 보장 받은 기도였습니다. 벧엘 광야와 같은 인생을 살면서 고난과 역경이 오더라도 절망하거나 낙심하지 말고, 기도로 승리하는 삶을 살아야 하겠습니다.

말씀을 생각하며

1. 오늘의 말씀에서 가장 마음에 남는 말씀은 어떤 말씀입니까?

_____

_____

_____

_____

2. 왜 그 말씀이 마음에 남습니까?

_____

_____

_____

_____

3. 오늘 말씀을 읽고, 나의 신앙생활 속에서 고쳐야 할 점은 무엇입니까?

_____

_____

_____

_____

한 주간의 기도제목

나	
가 정	
교 회	

제21과
야곱의 서원기도

창세기 28:20-22
찬송 : 338(364), 549(431)

> 야곱이 서원하여 이르되 하나님이 나와 함께 계셔서 내가 가는 이
> 길에서 나를 지키시고 먹을 떡과 입을 옷을 주시어 내가 평안히 아버
> 지 집으로 돌아가게 하시오면 여호와께서 나의 하나님이 되실 것이요
> 내가 기둥으로 세운 이 돌이 하나님의 집이 될 것이요 하나님께서 내
> 게 주신 모든 것에서 십분의 일을 내가 반드시 하나님께 드리겠나이다
> 하였더라(창 28:20-22)

야곱만큼 파란만장하게 산 사람도 흔치 않을 것입니다. 오죽하면 야곱 자신
도 본인의 일생에 대해 "험악한 세월을 보내었다"(창 47:9)고 고백하고 있습니
다. 도망가는 신세가 되어 자기 홀로 남았다고 생각할 때, 내 곁에는 아무도
없다고 생각할 때 하나님께서 먼저 찾아오십니다. 야곱은 하나님께서 찾아
오신 것을 알고 깜짝 놀라며 자기가 있는 곳이 하나님의 전이요, 하늘의
문임을 깨닫고 하나님께 서원기도를 드립니다.

1. 서원의 조건

야곱에게 있어 가장 절박한 문제는 하나님이 늘 함께 계셔 주시고 지켜 주시
는 것입니다. 먹을 것, 입을 것으로 베풀어 주셔야 삽니다. 또 떠나는 자의
입장에서 돌아오고 싶은 마음이 얼마나 간절하겠습니까?

1) 나와 함께 하옵소서

하나님께서는 15절에 "내가 너와 함께 있어"라고 말씀하심으로 이미 야곱과
함께 하실 것을 약속하셨습니다. 지금 야곱에게 가장 필요한 것이 '하나님의
함께 하심'이기에 그는 이것을 하나님께 간구하고 있습니다. 하나님께서 함께

하실 때, 그는 더 이상 도망가면서도 에서나 그 앞에 전개될 일들을 두려워하지 않아도 좋을 것입니다.

2) 나를 지켜 주옵소서

하나님께서 그를 지키실 때 에서를 포함한 아무 사람이라도 아무 짐승이라도 그를 해칠 수 없습니다. 하나님은 그를 의지하는 사람의 요새요 산성이요, 피난처 되시기 때문입니다. 강하신 하나님께서 그를 의지하는 사람을 그의 능력의 장중에 보호하십니다.

3) 먹을 양식과 입을 옷을 주시옵소서

생활에 대한 기도입니다. 이 세상을 사는 사람들은 예외 없이 먹을 양식과 입을 옷이 필요합니다. 따라서 야곱의 생활에 대한 기도는 타당한 것입니다. 하나님께서는 그를 의지하는 사람에게 먹을 양식과 입을 옷 등 삶의 기본적인 것을 책임져 주십니다.

4) 평안히 아비 집으로 돌아가게 하옵소서

지금은 형 에서의 진노를 피하여 외삼촌 라반의 집으로 향하고 있지만, 야곱의 마음이 늘 머물고 있는 장소는 그를 사랑하는 아버지 이삭과 어머니 리브가가 있는 고향 집입니다. 따라서 그는 하나님께 이 피난의 삶이 끝날 때 평안히 집으로 돌아갈 수 있게 해달라고 기도하고 있습니다.

2. 서원의 내용

1) 여호와께서 나의 기도를 들어주시면, "나의 하나님이 되심"을 인정하겠다는 것입니다

이로써, 하나님께서 그에게 명하시는 대로 순종하겠다는 다짐입니다. 이것은 하나님이 생을 주장하시고 축복하시는 분으로 그분의 명하심에 온전히 순복하고 삶의 중심에 놓을 대상이 되심을 의미합니다.

2) 하나님의 전을 삼음입니다

잠에서 깨어난 야곱이 이미 그곳을 하나님의 전이라고 부르고 돌로 기둥을 세웠지만, 이것은 여호와의 나타나심을 기념하는 의미이지 지속적으로 하나님께 예배드리겠다는 결단은 아님을 알 수 있습니다. 그러나 여호와께서 야곱의 기도를 들어주시면, 그는 이곳 벧엘을 하나님께 지속적으로 예배드리는 "하나님의 전"으로 삼겠다는 것입니다.

3) 십일조 드릴 것을 서원했습니다

십일조는 후에 하나님께서 모세를 통하여서 이스라엘 백성들에게 제도적으로 주신 헌금의 형태입니다. 하나님께서 이스라엘 백성에게 십일조를 하라고 명하신 것은, 하나님께 온전히 봉사하고 성전의 일을 감당하게 하기 위하여 세상 기업을 갖지 못하게 한 레위 지파들을 위한 생활보장 장치입니다.

이스라엘 열두 지파가 십일조를 드린 것으로 레위 지파가 생활하게 하셨습니다. 그리고 그의 백성들로 하여금 모든 것이 하나님께 속한 것임을 생활 가운데 고백하게 하기 위하여 십일조를 하라고 하셨습니다. 하나님께 십일조를 드림으로 모든 것이 하나님께 속하였으며, 모든 것이 하나님으로 말미암음을 먼저 인정하는 것입니다.

야곱이 벧엘에서 하나님께 드린 서원기도는 믿음의 성숙함 가운데 드려진 기도가 아닙니다. 하나님은 부족함과 죄 된 모습 가운데서도 하나님께 간절히 간구하는 사람을 물리치지 아니하십니다. 그러나 하나님께 기도 응답을 받기 위하여 서원한 것은 반드시 지켜야 할 것입니다. 이것이 하나님과 신실하고 복 받는 관계를 계속 이어가는 비결입니다.

말씀을 생각하며

1. 오늘의 말씀에서 가장 마음에 남는 말씀은 어떤 말씀입니까?

_____

_____

_____

_____

2. 왜 그 말씀이 마음에 남습니까?

_____

_____

_____

_____

3. 오늘 말씀을 읽고, 나의 신앙생활 속에서 고쳐야 할 점은 무엇입니까?

_____

_____

_____

_____

한 주간의 기도제목

나	
가 정	
교 회	

제22과
아굴의 기도

잠언 30:7-9
찬송 : 380(424), 290(412)

내가 두 가지 일을 주께 구하였사오니 내가 죽기 전에 내게 거절하
지 마시옵소서 곧 헛된 것과 거짓말을 내게서 멀리 하옵시며 나를 가
난하게도 마옵시고 부하게도 마옵시고 오직 필요한 양식으로 나를 먹
이시옵소서 혹 내가 배불러서 하나님을 모른다 여호와가 누구냐 할까
하오며 혹 내가 가난하여 도둑질하고 내 하나님의 이름을 욕되게 할까
두려워함이니이다(잠 30:7-9)

아굴은 자신이 다른 사람에 비해 지혜도 없고 총명도 없고 하나님을 아는
지식도 없는 사람이라고 말하지만, 인생의 깊은 경험을 한 후 사람이 살면서
가장 중요한 것이 무엇이며, 기도해야 할 것이 무엇인지를 아는, 그야말로 진
정 하나님께 구할 것이 무엇인지를 아는 사람이었습니다.

1. 응답을 믿고 끈기 있게 기도했습니다

아굴은 "나의 죽기 전에 주시옵소서"라고 했는데, 이 기도에는 두 가지 의미
가 있습니다. **첫째는** 기도를 계속하고 있다는 사실입니다. "죽기 전까지"는
죽기까지 계속해서 기도를 한다는 말입니다.

사무엘은 "나는 너희를 위하여 기도하기를 쉬는 죄를 여호와 앞에 결단코
범하지 아니하겠다"(삼상 12:23)고 했습니다. 새벽기도를 하다가 쉬지 말아야
합니다. 저녁에 잘 때와 아침에 일어나서 기도하는 것을 쉬지 말아야 합니다.
무시로 성령 안에서 기도를 계속하고, 우리가 나름대로 정해 놓고 하는 기도를
쉬지 말고 해야 하겠습니다.

두 번째 의미는, 응답을 믿고 간절히 구하는 기도입니다. 시편 94:9를 보

면, "귀를 지으신 이가 듣지 아니하시랴 눈을 만드신 이가 보지 아니하시랴", 시편 17:6에 "내게 응답하시겠으므로 내가 불렀사오니"라고 말씀했습니다. 이 말씀은 하나님이 기도를 들으시고 응답하신다는 사실을 나타내는 말씀입니다. 기도의 응답을 믿는 성도가 기도하게 되고, 그렇게 기도함으로 응답을 받고 믿음의 사람이 되는 것입니다. 우리도 아굴과 같이 기도할 것을 먼저 생각하고, 응답을 믿고 기도하는 기도의 자세를 가져야 할 것입니다.

2. 허탄과 거짓을 멀리하게 해달라고 기도했습니다

아굴은 "내가 두 가지 일을 주께 구하였사오니 내가 죽기 전에 내게 거절하지 마시옵소서 곧 헛된 것과 거짓말을 내게서 멀리 하옵시며"라고 했습니다. 헛된 것이라는 것은 허황된 꿈이나 거짓된 진리를 말합니다. 마치 사람에 의해 만들어진 신화를 사실로 믿는 것이나, 사이비 종교들이 유혹하는 헛된 진리와 행복들을 말합니다. 성경은 그것을 거짓된 진리라고 합니다. 구원과 행복을 말하지만, 거기에는 진정 구원과 행복이 있지 않습니다. 아굴은 자신의 인생이 결코 허탄한 진리 때문에 허비하지 않기를 하나님께 기도하고 있습니다.

아굴은 이웃을 속이는 거짓을 멀리하게 해달라고 기도했습니다. 거짓은 자신을 병들게 합니다. 모든 사람들이 자신의 거짓을 몰라도 하나님과 자신만은 거짓의 실체를 알고 있습니다. 이웃을 속인다는 것은 곧 하나님을 대항하는 것과 같습니다. 믿음을 가진 우리는 하나님과 양심을 속여서는 안 됩니다. 아굴이 거짓을 멀리하게 해달라고 기도했듯이, 우리도 거짓이 내 삶을 지배하지 못하도록 하나님께 기도해야 합니다.

아굴은 "오직 진실하게 살게 하여 주옵소서"라고 간절히 기도했습니다. 우리들도 정직한 마음을 달라고 날마다 기도하여 하나님이 내 마음에 합한 사람이라고 칭찬하는 복된 인생이 되시기를 원합니다.

3. 필요한 양식으로 먹여 달라고 기도했습니다

잘 사는 것이 모두 나쁜 것은 아닙니다. 잘 사는 것은 하나님이 주시는 복입니다. 아브라함과 이삭과 야곱은 모두 부자였습니다. 욥도 동방에서 가장 큰 부자였다고 했습니다. 요즘으로 말하면 재벌이었습니다. 또한 가난하다는 것이 죄가 되는 것도 아니며, 하나님께 복을 받지 못하였다는 것도 아닙니다.

아굴은 기도하기를 자신에게는 부하게도 말고 가난하게도 되지 않게 해 달라고 기도하였습니다. 부해지면 하나님을 모른다고 할 가능성이 많습니다. 교만해지고 하나님과 멀어지기 쉽습니다. 그러니 차라리 부하지 않는 것이 좋겠습니다. 또한 너무 가난하면 하나님의 이름을 욕되게 할 가능성이 많습니다. 혹시 도적질할지도 모르지 않습니까? 가난하면 정당하지 않은 것을 바라며, 비굴해지기 쉽습니다. 그러니 차라리 가난하게도 말게 해 달라는 것입니다.

사도 바울은 우리에게 자족하기를 가르쳐 주었습니다. 나에게 지금 주신 것 이대로가 내게 족한 줄 아는 것, 이것이 복입니다. 하나님께서 나의 형편과 처지를 헤아리시고, 그에 따라 우리에게 주시는 것으로 족하는 삶이 진정 복된 삶입니다. "내가 아무 것도 아니나 지극히 크다는 사도들보다 조금도 부족하지 아니하니라"고 했던 바울의 고백과 같이 우리도 기도하기를 원합니다.

말씀을 생각하며

1. 오늘의 말씀에서 가장 마음에 남는 말씀은 어떤 말씀입니까?

_____

_____

_____

_____

2. 왜 그 말씀이 마음에 남습니까?

_____

_____

_____

_____

3. 오늘 말씀을 읽고, 나의 신앙생활 속에서 고쳐야 할 점은 무엇입니까?

_____

_____

_____

_____

한 주간의 기도제목

나	
가 정	
교 회	

제23과
야베스의 기도

역대상 4:9-10
찬송 : 475(272), 383(433)

야베스는 그의 형제보다 귀중한 자라 그의 어머니가 이름하여 이르
되 야베스라 하였으니 이는 내가 수고로이 낳았다 함이었더라 야베스
가 이스라엘 하나님께 아뢰어 이르되 주께서 내게 복을 주시려거든 나
의 지역을 넓히시고 주의 손으로 나를 도우사 나로 환난을 벗어나 내
게 근심이 없게 하옵소서 하였더니 하나님이 그가 구하는 것을 허락하
셨더라(대상 4:9-10)

성도의 궁극적인 목표는 하나님으로부터 존귀한 자가 되는 것입니다. 하나
님 앞에 존귀한 자가 되기 위해서는 죄 사함을 받고 깨끗한 자가 되어야 합니
다. 존귀한 자의 특징은 하나님과 교통하는 삶을 사는 것입니다. 기도 생활로
하나님과 깊은 교제를 나누어 존귀한 자가 되어야 하겠습니다.

1. 복을 달라고 기도했습니다

인간은 복을 갈구하는 존재입니다. 복을 위해 인생을 투자하기도 합니다.
복이 없는 일에는 관심이 없습니다. 다른 많은 글자가운데 '복'자 쓰기를 좋아
합니다. 그래서 하나님의 선물을 복음이라고 합니다.

여기서 말한 복은 다양한 것을 의미합니다. 물질이나 건강일 수도 있고, 이
웃과의 관계를 말할 수 있습니다. 그러나 중요한 것은, 복이라는 것은 자신만
이 누리는 것이 아니라 이웃과 함께 나누어야 하는 것입니다.

물질은 내가 수고해서 얻어진 것이라도 결코 내 것이 아닙니다. 물질의 주인
은 하나님이십니다. 우리가 죽으면 그 물질은 나와는 아무 상관이 없습니다.
하나님의 것을 하나님이 기뻐하는 데 사용하는 것이 바람직한 물질관입니다.

물질은 없는 자와 가난한 자, 그리고 절실히 필요한 자들에게 나누어 주어야 합니다.

2. 지역을 넓혀 달라고 기도했습니다

지역을 넓혀 달라는 것은 복을 받은 자가 취하는 다음 단계를 말합니다. 지역을 넓힌다는 것은 땅의 확장을 의미하지만, 좀 더 넓은 의미로는 현재의 위치에서 더 큰 비전을 말하는 것입니다. 하나님은 우리에게 정말 더 나은 미래를 위한 비전이 있는지 물으십니다. 우리는 애굽 땅과 같은 환경에서라도 결코 가나안을 향한 비전을 잃지 말아야 합니다.

아브람에게 하나님은 동서남북을 바라보라고 했습니다. "보이는 땅을 내가 너와 네 자손에게 주리니 영원히 이르리라"(창 13:14-15)고 하셨습니다. "오직 성령이 너희에게 임하시면 너희가 권능을 받고 예루살렘과 온 유대와 사마리아와 땅 끝까지 이르러 내 증인이 되리라 하시니라"(행 1:8)고 하셨습니다. 우리의 지경을 세계로 넓혀야 합니다.

3. 주의 손으로 도와달라고 기도했습니다

주의 손으로 나를 도와달라고 하는 것은 하나님께 전적으로 의지하는 것을 말합니다. 사람들은 물질이나 권력이 있으면 하나님을 의지하기보다 자신을 의지합니다. 복음을 전해도 자신에게 부족함이 없다고 하는 사람일수록 복음을 거절합니다. 그런 사람도 병이나 어려움이 닥치면 하나님을 찾기도 합니다. 가난한 자도 하나님의 도우심이 필요하지만 부자나 건강한 사람도 하나님의 도우심이 필요합니다.

진정한 복은 우리가 하나님을 온전히 의뢰할 때 시작됩니다. 이 의뢰하는 믿음은 건강보다 중요하고, 재산보다 중요하고, 인맥보다 중요합니다. 그러므로 다른 어떤 것을 가지고 있는 것보다 믿음을 가지는 것이 소중합니다. 그러므로 우리에게는 하나님의 도우심을 구하는 겸허한 기도가 필요합니다.

그리고 우리에게 가장 필요한 것은 하나님의 은혜입니다. 우리 그리스도인은 하나님의 은혜를 입고 사는 존귀한 자가 되어야 합니다. 다른 것보다 하나님의 은혜를 받는 면에서는 정말 뛰어난 자가 되어야 합니다. 야베스처럼 다른 형제보다 은혜의 면에 있어서는 더 뛰어난 자가 되어야 합니다.

4. 환난을 벗어나 근심이 없게 해달라고 기도했습니다

환난은 예고 없이 우리에게 다가옵니다. 지진과 해일처럼 언제 다가올지 모르는 것입니다. 그러나 주의 손이 함께 하시면 환난이 와도 피할 길을 주십니다. 환난이 닥쳐오면 우리도 야베스처럼 근심을 없애 주시기를 간구해야 합니다.

하나님께서는 언제나 우리가 구하는 것 이상으로 우리에게 주시는 은혜의 하나님입니다. 그러므로 기도를 포기하지 말고 야베스처럼 큰 꿈을 안고 꾸준히 기도하면 여호와 하나님의 손이 우리를 지켜주시고, 환난과 근심이 사라지고 하나님의 도우심을 받을 수 있습니다.

내일 일을 우리는 알 수 없습니다. 오늘 행복해도 내일은 불행할 수 있습니다. 야베스의 기도는 오늘만을 위한 기도가 아니라 내일을 위한 기도였습니다. 성도는 오늘만 행복하게 사는 것이 목적이 아닙니다. 내일의 행복을 하나님께 구하여야 합니다. 여호와 하나님께 기도하여 하나님의 손의 도우심을 받는 복된 성도가 되시기를 간절히 원합니다.

말씀을 생각하며

1. 오늘의 말씀에서 가장 마음에 남는 말씀은 어떤 말씀입니까?

_____

_____

_____

_____

2. 왜 그 말씀이 마음에 남습니까?

_____

_____

_____

_____

3. 오늘 말씀을 읽고, 나의 신앙생활 속에서 고쳐야 할 점은 무엇입니까?

_____

_____

_____

_____

한 주간의 기도제목

나	
가 정	
교 회	

제24과
한나의 기도

사무엘상 1:10-18
찬송 : 526(316), 543(342)

한나가 마음이 괴로워서 여호와께 기도하고 통곡하며 서원하여 이르
되 만군의 여호와여 만일 주의 여종의 고통을 돌보시고 나를 기억하사
주의 여종을 잊지 아니하시고 주의 여종에게 아들을 주시면 내가 그의
평생에 그를 여호와께 드리고 삭도를 그의 머리에 대지 아니하겠나이
다(삼상 1:10-11)

한나는 좋은 남편을 가진 사람이었습니다. 남편 엘가나는 좋은 가문의 사람
이었습니다. 그리고 아내가 둘이나 있는 재물도 있는 사람입니다. 무엇보다도
하나님을 경외하는 신앙이 있는 사람입니다. 게다가 한나를 지극히 사랑해 주
는 남편이었습니다. 그러나 한나에게도 문제가 있었습니다. 그때 한나는 하나
님께 기도합니다.

1. 원망 없는 아름다운 기도입니다

결혼한 여인에게 자식이 없다는 것이 얼마나 아픈 일인지 경험해 본 사람은
압니다. 때때로 하나님은 우리 인생에 가시 하나씩은 남겨두십니다. 그것은
기도하라는 것입니다. 그래도 기도하지 않을 때는 나를 격동시켜 기도하게 하
시는 것입니다. 나를 격동시켜 번민케 하시므로 하나님 앞에 엎드리게 하시는
것입니다. 그러나 한나는 원망하지 않습니다.

스펄전은 "콩을 먹고 사는 비둘기가 고기 먹는 독수리를 부러워하는 법이
없고, 푸른 초장의 풀을 뜯는 양떼가 육식하는 사자를 부러워하는 법이 없다"
고 했습니다. 성도는 세상 사람들과는 달라야 합니다. 사는 방법이 다르고,

문제를 해결하는 방법도 다릅니다. 성도는 문제를 원망으로 풀지 않습니다. 하나님께 나아와 기도함으로써 문제를 해결합니다.

스데반은 기도함으로 자기를 돌로 치는 이들을 이길 수 있었습니다. 우리는 할 수 없으나, 그리스도는 하실 수 있습니다. 나의 방법으로는 할 수 없어도 기도로서는 할 수 있습니다. 기도가 그리스도의 능력이기 때문입니다. 내게 능력 주시는 자 안에서 내게 능치 못함이 없는 것입니다

우리는 기도할 때 우리의 마음을 지킬 수 있습니다. 기도만이 우리의 분노를 잠재울 수 있습니다. 기도만이 우리 마음의 미움을 잠재웁니다. 기도만이 우리의 인격을 지킬 수 있는 것입니다. 기도하면 찬송이 나오고 한숨이 들어가게 됩니다. 기도하면 탄식이 사라지고 기쁨과 감사가 생깁니다. 기도하면 원수를 사랑하는 용기를 가지게 합니다.

2. 통곡하며 힘을 다하여 기도했습니다

한나의 기도는 자기 안에 있는 모든 것을 주님 앞에 토해내는 기도였습니다. 너무 괴로워서 하나님께 통곡을 하며 기도했습니다. 너무 오랫동안 통곡하면서 기도해서 입술만 움직이지 소리는 나오지도 않았습니다. 말이 안 나올 때까지 지칠 정도로 기도를 했습니다.

내 마음에 쌓여 있는 고통, 분노, 절망, 아픔, 눈물, 이런 모든 찌꺼기들을 주님 앞에 모두 쏟아놓을 수 있느냐가 중요합니다. 기도로 마음의 상처가 치유되기 위해서는 그 상처를 드러내야 합니다. 상처는 드러나지 않으면 치유될 수 없습니다. 한나는 자신의 상처를 통곡함으로 드러내고 있습니다. 그 마음속에 있는 모든 것이 주님 앞에 다 드러날 때까지 기도했습니다.

사람들은 죄를 짓다가 힘을 빼앗깁니다. 세상의 향락을 즐기다가 진을 소모합니다. 그러나 성도는 기도하는 데 힘을 다해야 합니다. 주님의 일에 힘을 다해야 합니다. 세상 사람들은 근심하면서 힘을 소모하고, 걱정으로 힘이 다합니다. 그러나 성도는 기도하고 찬송을 하면서 힘을 다해야 하는 것입니다. 세

상 사람들은 미워하고 싸우고 원망하면서 힘을 소모하지만, 성도는 사랑하고 감사하는 데 힘을 다 써야 하는 것입니다.

3. 아들을 달라고 서원하며 기도했습니다

한나는 그저 "하나님, 아들 주십시오"하는 기도가 아니라, "아들을 주시면 내가 그의 평생에 그를 여호와께 드리고 삭도를 그의 머리에 대지 아니하겠나이다"라고 서원기도를 합니다. 이것은 자기 욕구만 충족하려는 것이 아니라 하나님의 뜻과 하나님이 기뻐하시는 것을 간구하는 것입니다.

인생에서 경험하는 고통의 대부분은 욕심과 관련됩니다. 내 욕심이 충족되지 못해서, 내 욕심대로 되지 않아서 좌절하고 고통 받는 것입니다. 그런데 우리의 기도가 욕심의 한 표현이고 그 욕심만 증가시키는 것이라면 하나님이 기뻐하지 않으실 것입니다. 나의 필요가 하나님의 필요와 연결되어야 합니다. 내 삶의 목적이 하나님의 영광을 나타내는 삶이 되어야 합니다. 나의 기도의 목적도 하나님의 영광을 구하는 것이어야 합니다. 한나의 서원하는 기도는 바로 그런 것입니다.

어떤 고통이 오늘 당신의 마음을 짓누르고 있습니까? 절망합니까? 아니면 기도합니까? 어떻게 기도합니까? 전능하신 하나님 앞에 나와서 마음을 털어놓고 도우심을 구하십시오. 그리고 하나님의 영광을 위해 살도록 기도하십시오. 하나님의 뜻을 따라 기도할 때 주님의 뜻이 이루어질 것입니다. 기도는 우리의 마음과 상황을 변하게 하는 능력이 있습니다.

말씀을 생각하며

1. 오늘의 말씀에서 가장 마음에 남는 말씀은 어떤 말씀입니까?

_____

_____

_____

_____

2. 왜 그 말씀이 마음에 남습니까?

_____

_____

_____

_____

3. 오늘 말씀을 읽고, 나의 신앙생활 속에서 고쳐야 할 점은 무엇입니까?

_____

_____

_____

_____

한 주간의 기도제목

나	
가정	
교회	

제25과
해시계를 옮긴 히스기야의 기도

열왕기하 20:1-7
찬송 : 310(410), 471(528)

히스기야가 낯을 벽으로 향하고 여호와께 기도하여 이르되 여호와여 구하오니 내가 진실과 전심으로 주 앞에 행하며 주께서 보시기에 선하게 행한 것을 기억하옵소서 하고 히스기야가 심히 통곡하더라(왕하 20:2-3)

우리가 사는 시대는 인스턴트 시대, 즉 즉흥적인 시대입니다. 하나님을 아는 것도 즉흥적으로, 예배도 즉흥적으로, 기도도 즉흥적으로 하는 시대입니다. 이 시대 속에서 하나님을 알기 위해서는 더 고민해야 되고 몸부림쳐야 합니다. 하나님을 알게 해 달라고 기도하고, 하나님의 뜻을 구별하게 해 달라고 간구해야 합니다.

1. 히스기야는 벽을 향하여 앉아서 기도했습니다

히스기야 왕은 하나님 앞에 정직한 왕이었고, 선하게 행하였고, 왕으로서 국가의 모든 신앙적 부패를 일소하여 우상을 철폐했던 왕입니다. 그런데 병이 들어 죽게 되었습니다. 그러나 히스기야 왕은 삶을 포기하지 않았습니다. 히스기야는 낯을 벽으로 향하고 통곡하면서 기도했습니다.

얼굴을 벽으로 향하여 기도했다는 것은 간절함을 나타내는 표현이며, 오직 여호와께 전심전력(全心全力)하여 매달린 것을 의미합니다. 세상의 모든 것을 포기하고 오직 여호와께로만 향하겠다는 다짐을 나타내는 것을 의미합니다.

히스기야가 하나님께 간구한 것은 단지 자신을 긍휼히 여겨 달라는 것이었습니다. 그런데 히스기야 왕의 간절한 기도를 들으신 하나님은 병을 낫게 해

주시고, 15년을 더 살게 해 주실 것을 선지자 이사야에게 일러주셨습니다. 이처럼 하나님께서는 의인들에게 복을 주시되, 우리의 온갖 구하는 것이나 생각하는 것에 더 넘치도록(엡 3:20) 주시는 분이십니다.

이런 일은 아무에게나 일어나는 일은 아닙니다. 그러나 누구에게나 있을 수는 있는 일입니다. 하나님께서는 하나님의 자녀인 우리들에게 기도의 문을 열어놓으셨기 때문입니다. 우리는 이것을 확신해야 합니다. '나도 하나님께 기도할 수 있다. 간절히 구하면, 놀라운 복도 주신다'는 것을 확실히 믿고 기도해야 하겠습니다.

2. 하나님의 일을 위해서 기도했습니다

우리의 기도는 우리의 소원을 이루기 위해서가 아니라 하나님의 소원을 우리를 통해 이루시기 위해서 해야 합니다. 그래서 하나님은 우리의 믿음에 필요하다고 생각하실 때 난관도 있게 하시고 고통도 있게 하시는 것입니다. 따라서 신자는 어려움이 있을 때 무작정 어려움에서 벗어나려고만 할 것이 아니라 주어진 상황 속에서 믿음을 배워가고 하나님을 알아가려는 노력과 기도가 필요합니다.

사람은 얼마를 살았느냐가 중요한 것이 아니라 살아가는 세월 동안 무엇을 했느냐가 중요합니다. 히스기야가 단지 수명 연장이라는 것에 관심을 두고 있다면, 그것은 죽기를 싫어하고 오래 살고 싶어하는 인간의 욕망에 지나지 않습니다. 성도에게 중요한 것은 오래 사는 것이 아니라, 하나님이 살려주신 생명을 가지고 무엇을 하는 데 사용했느냐는 것입니다. '하나님, 제가 지금까지 헛된 인생을 살았는데 이제야 참된 인생이 무엇인지 알았습니다. 제가 그 참된 인생을 조금이나마 살아볼 수 있는 기회를 주십시오.'라고 기도해야 하겠습니다.

3. 내일을 위해서 기도했습니다

우리는 '더 살게 해달라'고 하는 기도는 병들었을 때나 죽을 지경에 빠졌을 때 하는 기도로 여깁니다. 지금 나는 건강하니까 살기 위한 기도를 할 필요가 없다고 생각하는 사람들도 있습니다. 그러나 우리의 생명은 건강 때문에 유지되는 것이 아니라 하나님의 손에 달려 있음을 분명히 알아야 합니다.

하루하루의 삶은 하나님이 허락하시기 때문에 주어진 것입니다. 그러므로 우리는 하루하루 사는 것을 그냥 사는 것으로 생각하지 말고, 죽었어야 할 인생이 또 하루의 삶을 연장 받았다고 생각해야 합니다.

히스기야가 선하게 행한 것을 추억해 달라는 기도는 죄로 인해 죽어야 할 죄인이 지금까지 하나님에 의하여 살아왔음을 고백하는 것입니다. 이것이 죽음 앞에서 바라본 히스기야 자신의 모습입니다.

우리가 지금까지 살아온 것은 결코 우리들의 힘이 아닙니다. 하루하루의 삶이 하나님의 은혜임을 고백해야 합니다. 그리고 주어진 삶을 자신을 위하여 허비하는 것이 아니라 하나님의 나라를 위해서 살아야 할 것입니다.

하나님은 히스기야에게 "너와 이 성을 앗수르 왕의 손에서 구원하고 ……이 성을 보호하리라"(6절)고 말씀하십니다. 이것이 히스기야 왕이 생명을 연장받은 조건이었습니다. 그리고 이 약속에 대한 징표로서 해시계의 해 그림자가 뒤로 십도를 물러가는 것을 보여주셨습니다. 아하스의 해시계는 아하스가 만든 해시계를 의미합니다. 아하스가 만든 해시계의 해 그림자가 해는 가만히 있는 채 뒤로 십도를 움직인 것은 하나님에 의해서 아하스의 해시계가 무용지물이 되었다는 것을 뜻합니다.

우리도 하루하루를 하나님이 주시는 연장된 삶으로 여기고, 하나님의 나라를 바라보면서 바르게 살아가야 하겠습니다.

말씀을 생각하며

1. 오늘의 말씀에서 가장 마음에 남는 말씀은 어떤 말씀입니까?

_____

_____

_____

_____

2. 왜 그 말씀이 마음에 남습니까?

_____

_____

_____

_____

3. 오늘 말씀을 읽고, 나의 신앙생활 속에서 고쳐야 할 점은 무엇입니까?

_____

_____

_____

_____

한 주간의 기도제목

나	
가 정	
교 회	

제26과
예루살렘을 향한 다니엘의 기도

다니엘 6:1-28
찬송 : 323(355), 382(432)

다니엘이 이 조서에 왕의 도장이 찍힌 것을 알고도 자기 집에 돌아
가서는 윗방에 올라가 예루살렘으로 향한 창문을 열고 전에 하던 대로
하루 세 번씩 무릎을 꿇고 기도하며 그의 하나님께 감사하였더라(단
6:10)

바벨론이 망하게 된 것은 외적 요인보다 내적으로 도덕적으로 타락하여 부
정부패가 만연하였기 때문이었습니다. 다리오 왕은 다니엘로 하여금 국가의
도덕적 정신적 기강을 바로 잡고 나라를 바로 통치하도록 하였습니다.

다니엘은 하루 세 번씩 하나님께 기도함으로 맡은 직무를 훌륭히 해내었고,
도덕적으로도 흠이 없이 정직과 성실, 권면으로 타의 모범이 되었습니다. 이
때문에 그는 다른 총리들과 방백들에게 시기의 대상이 되었습니다.

1. 목숨이 위태로운 때에 타협하지 않고 기도하였습니다

다니엘은 총리들과 방백들에게 시기의 대상이 되어 실로 큰 위기에 직면하
게 되었습니다. 다니엘은 이러한 위기 상황서도 전에 행하던 대로 예루살렘을
향하여 창문을 열어놓고 무릎을 꿇고 기도하였습니다. 하나님은 신앙을 위해
서라면 목숨을 내놓을 준비가 되어 있는 순교자적인 믿음을 보시고 승리하게
하셨습니다.

예수님은 자기 목숨을 구원코자 하는 자는 잃을 것이요 주와 복음을 위하여
목숨을 잃는 자는 구원을 얻는다고 하셨습니다. 우리는 신앙생활을 훌륭하게
성공적으로 하고 싶어 하는데 목숨이 위태로운 것은 원치 않습니다. 목숨이

위태로우면서까지 신앙생활 하는 것은 뭔가 잘못된 것이라고 오해하는 사람이 많습니다. 그러나 하나님은 우리에게 새 생명을 주시고 우리가 이 생명을 주님께 온전히 드리는 신앙, 주님을 가장 사랑하는 믿음을 갖기를 원하십니다.

위험할 때마다, 어려움이 있을 때마다 타협하거나 포기하고 자기 유익만 구한다면 진정한 신앙인이 될 수 없습니다. 우리가 다니엘을 통해 목숨의 위협 앞에서도 신앙의 지조를 지키는 위대한 믿음의 사람이 될 수 있기를 기도해야 합니다.

2. 소망 중에 믿음으로 기도를 계속하였습니다

다니엘은 기도할 때 예루살렘을 향하여 창문을 열고 기도했습니다. 예루살렘은 성전이 있는 곳이요 하나님이 계신 곳이었습니다. 창문을 열었다는 것은 하나님을 향해 어떤 장애물도 용납하지 않았다는 것입니다. 그는 하나님에 대해 어떤 의심이나 불신의 장벽도 없었습니다. 하나님의 도시 예루살렘은 폐허가 되었고 성전도 무너졌지만 그는 그쪽을 향하여 늘 기도함으로써 성전을 향해 기도하면 하나님은 그 기도를 들으신다는 약속을 믿었습니다(왕상 8:46-50).

다니엘은 소년 시절에 바벨론에 포로로 끌려온 때로부터 시작하여 80세가 넘도록 줄기차게 기도를 감당해 왔습니다. 그가 이렇게 오랫동안 기도해 왔지만 상황은 조금도 달라진 것이 없었습니다. 자기 백성은 죄악으로 70년 동안 주권을 잃고 여전히 포로생활을 하고 있으며, 성전은 황폐화되고 선민의 자부심과 긍지도 잃어버리고 용광로와 같은 선진국의 죄악 된 문화에 동화되어 갔습니다.

다니엘은 자기 백성의 비참한 상황을 잘 알고 있었습니다. 절망적인 상황에서도 하나님의 사랑을 의심하거나 절망치 않고 변함없이 소망 중에 자신과 이스라엘 백성을 위해, 하루 세 번씩 규칙적으로 하나님의 역사를 위해 믿음으로 기도를 하였습니다.

그가 하루 세 번씩 기도하였다는 것은 그가 다른 어떤 일보다 기도를 가장 우선순위로 했다는 것을 나타냅니다. 이런 그의 기도생활은 우리에게 큰 도전이 됩니다. 우리는 마음먹고 기도를 시작하였다가도 쉽게 응답되지 않으면 소망과 믿음을 잃어버리고 기도를 포기해버립니다. 그러나 소망 중에 믿음으로 기도하기를 멈추지 않는다면 언젠가는 반드시 하나님께서 그 기도에 응답하실 것을 믿습니다.

3. 하나님의 선한 주권에 감사하는 기도를 하였습니다

다니엘은 기도할 때 예루살렘을 향하여 열린 창에서 하나님께 열린 마음으로 기도하였습니다. 이는 어떤 상황에서도 하나님의 사랑과 능력을 의심치 않고 믿었음을 말해줍니다. 뿐만 아니라 무릎을 꿇고 기도한 것은 하나님께 대한 복종이요 하나님을 전폭적으로 의뢰하였다는 것입니다.

어떻게 그는 하루 세 번씩 무릎을 꿇고 기도하며 하나님께 감사할 수 있었을까요? 그것은 자기와 자기 백성에게 두신 하나님의 선한 주권을 믿었기 때문이었습니다. 무엇보다 '나의 하나님'께 대한 깊은 믿음이 있었기 때문이었습니다. 이 날까지 선하게 인도해 오신 나의 하나님, 늘 함께 하시며 기도를 통해 역사해 오시고 승리를 주신 나의 하나님을 생각할 때 그의 심령은 기본적으로 감사가 충만했습니다. 우리가 하나님의 선한 주권을 믿을 때 아무리 절망적으로 보이는 상황이라 할지라도 하나님께서 모든 것을 합력하여 선을 이루실 것을 믿고 범사에 감사할 수 있습니다.

위기의 때에 하나님을 의뢰하고 무릎 꿇고 기도함으로 하나님의 영광을 드러내고 승리의 삶을 산 다니엘과 같은 기도의 용사가 되기를 기도합니다.

말씀을 생각하며

1. 오늘의 말씀에서 가장 마음에 남는 말씀은 어떤 말씀입니까?

_____

_____

_____

_____

2. 왜 그 말씀이 마음에 남습니까?

_____

_____

_____

_____

3. 오늘 말씀을 읽고, 나의 신앙생활 속에서 고쳐야 할 점은 무엇입니까?

_____

_____

_____

_____

한 주간의 기도제목

나	
가 정	
교 회	

제27과
다니엘의 금식기도

다니엘서 9:1-19
찬송 : 361(480), 459(514)

주여 구하옵나니 주는 주의 공의를 따라 주의 분노를 주의 성 예루
살렘, 주의 거룩한 산에서 떠나게 하옵소서 이는 우리의 죄와 우리 조
상들의 죄악으로 말미암아 예루살렘과 주의 백성이 사면에 있는 자들
에게 수치를 당함이니이다 그러하온즉 우리 하나님이여 지금 주의 종
의 기도와 간구를 들으시고 주를 위하여 주의 얼굴 빛을 주의 황폐한
성소에 비추시옵소서(단 9:16-17)

다니엘은 기쁠 때나, 슬플 때나, 위기에 빠질 때나, 역경의 때에나 항상 하
나님께 나아가 기도하기를 쉬지 않았습니다. 다니엘의 이러한 기도 생활이 먼
타국의 포로생활에서도 승리의 삶을 살 수 있는 비결이며, 그의 지혜의 원천이
었습니다. 우리 그리스도인들이 평소에 매일 기도하지만, 특별히 작정하고 기
도해야 할 때가 있습니다. 우리가 특별히 기도해야 할 때가 언제인지를 깨달아
야 합니다.

1. 언제 기도했습니까?

"메대 족속 아하수에로의 아들 다리오가 갈대아 나라 왕으로 세움을 받던
첫 해"에 기도했습니다. 이때는 바벨론 제국이 망하고 페르시아 시대가 들어
서게 된 때를 가리킵니다. 한 나라가 망하고 새로운 나라가 들어섰습니다. 새
시대, 새 역사가 열렸습니다. 어쩌면 역사의 격변기라고 할 수 있습니다. 혼란
의 시대, 미래가 불투명한 시대에 다니엘은 더욱 기도하기로 작정했습니다.

그리고 "곧 그 통치 원년에 나 다니엘이 책을 통해 여호와께서 말씀으로
선지자 예레미야에게 알려 주신 그 연수를 깨달았나니 곧 예루살렘의 황폐함

이 칠십 년 만에 그치리라 하신 것이니라"고 합니다. 성경을 읽다가 기도하기로 결심했다는 것입니다.

다니엘은 예레미야서를 읽고 있었습니다. 말씀을 읽다 보니 "예루살렘의 황폐함이 칠십년 만에 그치리라"고 예언되어 있습니다. 예루살렘이 망하고 이 국땅에 포로로 잡혀 와서 생활했는데, 그 기간이 벌써 70년이 다 되었습니다. 역사가 바뀌고 시대가 바뀌는 것을 보며, 그는 하나님의 놀라우신 역사를 깨닫게 되고, 하나님께서 이루실 비전을 보게 됩니다. 그래서 하나님께서 예레미야 선지자를 통해 주신 그 역사를 성취하시도록 하나님께 기도하기로 작정했던 것입니다.

우리들도 새 시대, 새 역사가 열릴 때, 역사의 격변기라고 할 수 있는 혼란의 시대, 미래가 불투명한 시대에 더욱 기도하여야 할 것입니다.

2. 무엇을 기도했습니까?

첫째, 지난날 지은 민족의 죄를 회개하고 고백합니다

다니엘은 하나님께서 깨달을 수 있도록 끊임없이 말씀해 주셨지만 그 말씀을 듣지 않았기 때문에 나라가 망한 것을 알고 회개합니다. 현재 고난을 당하는 이유가 무엇인지 바로 알고 회개하는 것은 퍽 중요한 일입니다. 하나님의 용서가 있지 않고는 회복될 수 없다는 것을 알고 하나님께 회개해야 하는 것입니다. 다니엘은 민족의 현실을 자신의 일로 알아 기도하고 있습니다. 다니엘은 나름대로 이민생활에서 성공적인 삶을 누리고 있습니다. 그럼에도 민족의 아픔을 대신 회개하고 있습니다.

둘째, 주님의 자비와 긍휼로 인한 회복을 간구합니다

다니엘은 주의 성전이 복구되고 도성이 회복되기를 바라고 있습니다. 이는 하나님께서 이스라엘 백성을 용서하실 때에만 이루어질 수 있다는 것을 잘 알고 있습니다. 자신들이 정당해서가 아니라 하나님의 자비로 회복시켜 주시기를 간구합니다. 그리고 주의 백성도, 주의 도성도 주의 것이니 회복시켜 주시기를 기도하고, 회복의 과정을 통해 여호와 하나님이 친히 우리의 주 되심을 알기 위해 간구합니다.

우리들도 우리 민족의 회개와 아픔을 위하여, 그리고 하나님 안에서의 진정한 평화와 통일이 이루어지도록 기도해야 할 것입니다.

3. 어떻게 기도했습니까?

다니엘은 기도할 때 "금식하며 베옷을 입고 재를 덮어쓰고" 기도했다고 했습니다. 마태복음 6:18에 "이는 금식하는 자로 사람에게 보이지 않고 오직 은밀한 중에 계신 네 아버지께 보이게 하려 함이라 은밀한 중에 보시는 네 아버지께서 갚으시리라"고 하셨습니다. 금식은 육체적인 모든 욕망을 절제하는 것입니다. 베옷을 입고 재를 덮어썼다는 것은 자신의 무가치함을 인정하는 것입니다.

다니엘이 기도할 때 가브리엘 천사가 친히 나타나 환상의 의미가 무엇인지를 가르쳐 줍니다. 하나님께서 정하신 고통의 시간과 그 이후에 있을 영적 회복과 성전 보수의 일들이 어떻게 이루어질 것인지를 가르쳐 줍니다.

물론 다니엘의 기도가 있었음에도 불구하고 즉시 응답되어 예루살렘이 회복되는 것이 아니라 하나님께서는 정한 시간을 강조하십니다. 하나님의 계획과 과정 속에서 이루실 훈련의 의도가 있기 때문입니다. 바로 이루어지지 않는다는 면에서는 답답하지만 하나님께서 이루실 계획을 알고 그 시간들을 기다리고 자신을 지킨다면 훨씬 힘이 날 것입니다.

우리들도 기도할 때 하나님의 응답의 때를 기다리며, 은밀한 중에 기도해야 합니다. 인간들이 알아주는 것이 아니라, 은밀한 중에 계시는 하나님이 들어주시는 기도를 해야 합니다.

말씀을 생각하며

1. 오늘의 말씀에서 가장 마음에 남는 말씀은 어떤 말씀입니까?

_____

_____

_____

_____

2. 왜 그 말씀이 마음에 남습니까?

_____

_____

_____

_____

3. 오늘 말씀을 읽고, 나의 신앙생활 속에서 고쳐야 할 점은 무엇입니까?

_____

_____

_____

_____

한 주간의 기도제목

나	
가 정	
교 회	

제28과
백성을 위한 모세의 기도

출애굽기 32:1-14
찬송 : 274(332), 322(357)

모세가 그의 하나님 여호와께 구하여 이르되 여호와여 어찌하여 그
큰 권능과 강한 손으로 애굽 땅에서 인도하여 내신 주의 백성에게 진
노하시나이까 어찌하여 애굽 사람들이 이르기를 여호와가 자기의 백성
을 산에서 죽이고 지면에서 진멸하려는 악한 의도로 인도해 내었다고
말하게 하시려 하나이까 주의 맹렬한 노를 그치시고 뜻을 돌이키사 주
의 백성에게 이 화를 내리지 마옵소서(출 32:11-12)

이스라엘 백성들은 하나님의 은혜로 애굽의 노예생활에서 해방을 받았고,
때를 따라 하나님의 도우심으로 어려울 때마다 도움을 받았습니다. 그러나 이
들은 하나님께서 살아계심을 알지 못하고 모세가 산에 간 사이에 금을 모아서
금송아지를 만들어 그것이 자기들을 인도해 낸 하나님이라고 섬기고 있습니
다. 그리하여 하나님의 진노를 사게 되었습니다. 이때 모세는 백성들의 잘못을
인정하고 백성을 위하여 하나님께 중보의 기도를 드렸습니다. 자기의 희생을
각오하고 기도를 드렸습니다.

1. 모세는 나라와 백성을 위해서 중보기도 했습니다

모세가 하나님이 주시는 율법을 받으려고 40주야를 준비하며 시내산에서
기도하는데, 산 아래에서는 모세가 없으니까 애굽에서 인도한 신을 만들자 해
서 애굽에서 섬기던 금송아지 우상을 만들고, 헌화하며 춤추며 야단법석이었
습니다. 하나님이 모세에게, "저 부패하고 타락하여서 목이 곧고 완악한 백성
들을 내가 다 멸해 버리고 너로 다른 큰 민족을 이루어 다스리게 할 것이다"라
고 말씀하셨습니다.

모세는 간구합니다. "하나님이여, 내 백성이 금신을 만들어 하나님께 범죄하였나이다. 하나님의 진노를 받아야 되고 진멸을 당해야 마땅합니다. 그러나 하나님이여 원하옵기는 차라리 그들 대신 나를 생명책에서 지워버리실지언정 그들을 구원하여 주시옵소서. 내 백성 이스라엘을 구원해 주시옵소서."

모세는 자기 자신만을 위해 기도하지 않고 나라와 민족을 위해 기도하였습니다. 쓸모없이 목이 곧고 완악한 백성들, 원망과 불평과 불신앙 가운데 있는 백성들이지만, 그들이 멸망 받지 않고 차라리 내가 희생해서라도 그들을 구원해 달라고 간구하는 이러한 기도는 참 그리스도의 사랑이 아니고는 할 수 없는 위대한 기도입니다. 우리가 그런 기도를 할 수만 있다면 이 민족이 구원을 받습니다.

우리는 자신이 희생하고 죽으면서도 그들의 죄를 용서하고 구원해 달라고 하신 그리스도의 마음을 가지고 나라와 민족을 위해서 기도하는 모세의 위대함을 배워야 하겠습니다.

2. 모세는 하나님의 영광을 위해서 기도했습니다

"여호와께서 또 모세에게 이르시되 내가 이 백성을 보니 목이 뻣뻣한 백성이로다 그런즉 내가 하는 대로 두라 내가 그들에게 진노하여 그들을 진멸하고 너를 큰 나라가 되게 하리라"(출 32:9-10)고 하십니다. 이 말은 이스라엘 백성들은 말을 잘 듣지 않는 소와 같다는 것입니다. 소가 농부의 말을 잘 듣지 않는다면 도살하여 고기나 먹는 길밖에 다른 도리가 없는 것입니다. 그래서 하나님께서는 모세에게 하시는 말씀이 나를 그냥 내버려 두라는 것입니다. 즉 그들에게 크게 진노하시겠다는 것입니다.

"하나님이 애굽에서 저들을 인도해서 여기서 죽이시면 사람들이, '하나님이 그 백성을 광야로 이끌어서 죽이려고 했구나, 하나님은 사람을 죽이는 하나님이구나, 구원의 하나님인 줄 알았더니 죽이는 하나님이구나, 결국 그 백성을 죽이려 그랬구나' 할 터인데, 그러면 어떻게 하나님의 영광이 되겠습니까?"라고 반문합니다. 그리고 "이 백성을 멸하지 마소서. 이 백성은 하나님의 백성이 아닙니까? 하나님이 출애굽시킨 백성이 아닙니까? 구원의 하나님을 이방인에게 증거하고, 긍휼과 자비와 사랑의 하나님을 나타내 보여야 되지 않겠습니까? 이 백성을 멸하시면 이방 사람 애굽 사람이 뭐라고 하겠습니까?"라며, 하나님의 영광을 위해서라도 백성을 구원하여 달라고 기도합니다. 우리가 기도할 때, 모든 일을 하나님의 영광을 위하여 기도하기 바랍니다.

3. 약속하신 그 약속을 이루어 달라고 기도했습니다

"하나님이 저 백성을 하늘의 별같이 하고 가나안 땅을 영영토록 기업으로 주신다고 했지 않습니까? 약속대로 하셔야 합니다. 약속을 지키셔야 합니다. 그 약속대로 출애굽하고 광야길 가는 것 아닙니까. 약속이 성취되어야 합니다. 가나안에 가야 합니다. 그 기업을 영영토록 이루어야 합니다. 그래서 하늘의 별, 땅의 모래와 같이 구원받은 하나님의 백성이 우리 이스라엘 백성을 통해서 그렇게 온 제상에 퍼져야 되지 않겠습니까? 하나님의 약속과 뜻이 이루어져야 하지 않겠습니까? 이 백성이 지금 다 죽으면 어떻게 되겠습니까?"라고 하나님의 약속을 붙잡고 하나님께 기도했습니다.

여러분이 하나님께 기도할 때 하나님의 약속을 붙잡고 기도하면 하나님이 꼼짝 못하십니다. "하나님, 성경에 이렇게 기록되어 있지 않습니까? 이런 약속을 하지 않았습니까? 이런 복을 주시겠다고 말씀하지 않았습니까?" 이같이 기도하면 하나님이 이루어 주십니다. "하나님이 뜻을 돌이키사 말씀하신 화를 그 백성에게 내리지 아니하시니라"고 했습니다.

모세는 한평생 기도로써 이스라엘 구원의 큰 역사를 이룬 하나님의 사람이었습니다. 모세는 자기의 부귀영화를 위하여 기도하지 아니하고, 오직 범죄하고 벌 받는 백성들을 위하여 기도했습니다. 그리하여 그 기도는 하늘에 상달되어 하나님의 진노를 거두게 하였습니다. 남을 위하여 기도하는 것은 자기에게도 유익한 것입니다(욥 42:10).

말씀을 생각하며

1. 오늘의 말씀에서 가장 마음에 남는 말씀은 어떤 말씀입니까?

_____

_____

_____

_____

2. 왜 그 말씀이 마음에 남습니까?

_____

_____

_____

_____

3. 오늘 말씀을 읽고, 나의 신앙생활 속에서 고쳐야 할 점은 무엇입니까?

_____

_____

_____

_____

한 주간의 기도제목

나	
가 정	
교 회	

제29과
자신을 돌아보는 모세의 기도

에베소서 5:15-17
찬송 : 23(23), 381(425)

그런즉 너희가 어떻게 행할지를 자세히 주의하여 지혜 없는 자 같이
하지 말고 오직 지혜 있는 자 같이 하여 세월을 아끼라 때가 악하니라
(엡 5:15-16)

백발의 노인이 젊은이들에게 훈계하기를 "내가 기어 다닐 때는 시간이 기어
다니는 것처럼 천천히 지나갔다. 내가 꿈꾸던 청년시절에는 시간이 빠른 걸음
처럼 지나갔다. 내가 성인이 되었을 때에는 시간은 뛰어가는 것처럼 지나갔다.
내가 장년이 되었을 때에는 시간은 구름처럼 날아갔다. 그리고 백발이 된 지금
시간은 나에게서 지나가 버렸다는 것을 깨달았다."고 했습니다.

오늘 본문인 시편 90편은 하나님의 사람 모세가 죽음을 앞두고 다시 돌아오
지 않는 "지나간 세월"을 돌아보면서 하나님 앞에 드린 기도입니다.

1. 우리 날 계수함을 가르쳐 달라고 기도했습니다

모세는 인간을 꽃에다 비유해 표현했습니다. 아침에 피었다가 저녁에 져버
리고 마는 풀의 꽃처럼, 잠깐 보이다가 없어지는 안개처럼 셈할 가치가 없는
허무한 인생입니다. 인생은 풀과 같고 그 영광은 풀의 꽃과 같습니다. 마찬가
지로 사람은 상하기가 쉽습니다. 노년기는 말하자면 인생의 겨울, 인생의 황혼
기입니다.

모든 육체는 풀과 같습니다. 그가 비록 70의 생을 누리고 80의 건강을 즐긴
다고 할지라도 영원 속에 흘러가는 한순간에 지나지 않습니다. 그래서 모세는
"우리의 평생이 순식간에 다하였나이다"라고 말했습니다. 그래서 선지자 이사

야도 "너희는 인생을 의지하지 말라 그의 호흡은 코에 있나니 셈할 가치가 어디 있느냐"(사 2:22)라고 말했습니다. 사실 인간이란 몹시 흥분했다가 깨고 나면 곧 잊어버리는 꿈과 같고, 아침에 피었다가 저녁에 시들어 버리는 꽃과도 같습니다. 그래서 야고보는 "잠깐 보이다가 없어지는 안개"와 같다고 말했고, **셰익스피어**는 '인생은 걸어다니는 그림자'와 같다고 했습니다.

현대 문명의 생활 향상과 의학의 발전으로 인간의 평균 수명이 전에 비해서 많이 연장된 것이 사실입니다. 그러나 사람이 한 번 죽는 것은 정한 이치입니다. 여기에는 예외가 없습니다. 부자나 가난한 사람이나, 공부 많이 한 사람이나 공부 적게 한 사람이나, 권력 있는 사람이나 권력이 없는 사람도 다 갑니다. 사람에게는 끝이 있고 종말이 있다는 것을 알고 준비하면서 사는 사람이 지혜 있는 사람입니다.

에베소서 5:16에서 지혜 있게 살려면 세월을 아끼라고 했습니다. 이 말은 기회를 놓치지 말라는 뜻입니다. 시간은 하나의 기회입니다. 시간이 지나가기 전에 시간이 있을 때, 하나님을 위해 시간을 바쳐 일하는 기회를 많이 가져야 합니다.

2. 즐겁고 기쁘게 살게 해달라고 기도했습니다

평생을 즐겁고 기쁘게 사는 것은 재물이나 지식이나 배경이나 명예에서 오는 것이 아닙니다. 재물이나 지식, 배경, 명예는 잠시 잠깐입니다. 하나님께서 만족함을 주셔야 즐겁고 기쁘게 살 수 있습니다.

하나님께서 하나님의 사랑으로 우리를 채워 주시고, 하나님이 나의 목자가 되시면 만족한 삶을 살게 되고, 평생토록 즐겁고 기쁘게 살 수 있습니다. 그러므로 모세는 아침에 하나님의 사랑으로 만족케 하사 우리 평생에 즐겁고 기쁘게 해 달라고 기도했습니다. 하나님을 믿고 하나님 안에 있을 때 그것이 행복이고 성공이고 즐거움이고 기쁨입니다.

중세기의 성자 가운데 로렌스는 수도사가 되기를 원했지만, 학력이 모자라서 수도사로 받아들여지지 않아서 수도사는 못 되고 수도원 주방에서 수도사들을 섬기는 일을 했습니다. 음식에 소금을 넣으면서 "주여, 세상의 소금이 되게 하소서."라고 기도하고, 수도사들의 옷을 세탁할 때는 마음속에 있는 더러운 죄를 주님의 보혈로 씻어 주시고, 주님의 의로운 옷으로 입혀 달라고 기도했습니다. 음식을 익히면서는 나의 심령을 성령님의 능력으로 익혀 달라고 기도했고, 그릇을 닦을 때에는 나의 심령을 깨끗하게 닦아 달라고 기도했답니다.

우리의 기쁨을 방해하는 의심과 불안과 두려움을 몰아내야 평생 즐겁고 기쁘게 살 수 있습니다. 하나님 앞에 평생에 즐겁고 기쁘게 살게 해달라고 기도해야 합니다.

3. 하나님의 행사와 영광을 나타내 달라고 기도했습니다

우리가 섬기는 하나님은 언제나 평안과 기쁨을 주시고, 우리에게 필요한 모든 것을 때를 따라 공급하여 주시는 사랑과 긍휼이 풍성하신 하나님이십니다. 이 하나님을 알고 섬기는 사람이 지혜 있는 사람이며, 하나님께 영광 돌리는 사람입니다.

사람에게는 모든 일에 기회가 주어지는데, 기회를 잃어버리는 사람은 실패한 사람이고, 기회를 잘 잡은 사람은 성공하는 사람이 됩니다. 그러므로 우리에게 주어진 남은 날을 계수하는 지혜가 필요합니다. 어떻게 하면 하루도 헛되이 살지 않고, 보다 값있고 보람되게 살까 생각하는 사람이 되어야 합니다.

우리 그리스도인은 하루하루를 종말론적인 자세를 가지고 영원한 세상을 준비하며, 주어진 일에 최선을 다하는 삶을 살아야 하겠습니다.

말씀을 생각하며

1. 오늘의 말씀에서 가장 마음에 남는 말씀은 어떤 말씀입니까?

_____

_____

_____

_____

2. 왜 그 말씀이 마음에 남습니까?

_____

_____

_____

3. 오늘 말씀을 읽고, 나의 신앙생활 속에서 고쳐야 할 점은 무엇입 니까?

_____

_____

_____

_____

한 주간의 기도제목

나	
가 정	
교 회	

제30과
능력 있는 엘리야의 기도

열왕기상 18:41-46
찬송 : 221(525), 586(521)

일곱 번째 이르러서는 그가 말하되 바다에서 사람의 손 만한 작은
구름이 일어나나이다 이르되 올라가 아합에게 말하기를 비에 막히지
아니하도록 마차를 갖추고 내려가소서 하라 하니라(왕상 18:44)

우리는 모든 것이 잘 되고 배부를 때에는 주님을 간절히 찾지 않습니다.
그러다가 어려운 문제가 생기고 막판에 몰리면 그때야 간사하게 하나님께 간
절히 기도합니다. 그래도 하나님은 우리의 기도를 들어주십니다. 인간은 간사
하지만 하나님은 언제나 신실하십니다.

엘리야의 기도는 우리에게 어떤 능력이 있는지 잘 가르쳐줍니다.

1. 믿음으로 기도를 했습니다

어느 날 엘리야가 아합 왕에게 "내 말이 없으면 수 년 동안 비도 이슬도
없을 것입니다"라고 말했습니다(왕상 17:1). 그 말대로 수년 동안 이스라엘
지역에 비가 오지 않았습니다. 그리고 3년 후, 엘리야는 아합 왕에게 이방 선
지자들과 갈멜산에서 기도 대결을 청합니다. 그 대결에서 이기고, 이방 선지자
들을 기손 시내에서 죽인 후 엘리야는 아합 왕에게 말하기를, "올라가서 먹고
마시소서 큰 비 소리가 있나이다"라고 하였습니다.

엘리야는 비가 오기를 위해 기도하기 전에 이미 큰 비 소리를 듣고 있었습니
다. 우리는 기도할 때, 그 기도의 내용이 이루어질 것이라는 믿음을 가지고
기도해야 합니다. 무엇보다도 우리의 기도를 들으시는 하나님을 믿는 구원의
확신이 있어야 합니다. 하나님께서 우리를 구원하셨다면, 그 다음에는 어떤

고난을 주셔도 우리가 하나님의 뜻임을 알 수 있기 때문입니다.

우리가 하나님 안에 있고, 구원의 확신이 분명하다면 인생길에 넘어지는 것을 두려워할 일이 하나도 없습니다. 오히려 넘어지는 곳이 우리가 일어서는 곳이 될 것이고, 많이 넘어질수록 우리는 더욱 영적으로 부쩍 성장하게 될 것입니다.

이사야 49:16을 보면, 하나님께서 "내가 너를 내 손바닥에 새겼다"고 말씀하셨습니다. 우리가 아무리 초라한 모습이라도 우리 이름은 하나님의 손바닥에 새겨져 있습니다. 우리가 망해도 우리는 하나님의 손 안에 있습니다. 그러므로 우리의 믿음이 흔들려서는 안 됩니다. 어려운 순간에도 우리가 믿음의 기도를 드리면 하나님께서 반드시 가장 선한 길을 열어주실 것입니다.

2. 얼굴을 무릎 사이에 넣고 기도했습니다

아합은 엘리야가 "올라가서 먹고 마시라"고 하는 말을 듣고, 그는 엘리야의 말대로 비가 올 줄 알고 먹고 마시러 올라갑니다. 이제 비가 안 오면 엘리야는 왕을 우롱한 죄로 죽게 됩니다. 그때 엘리야는 갈멜산 꼭대기로 올라가서 땅에 꿇어 엎드려 그 얼굴을 무릎 사이에 넣고 하나님께 기도했습니다.

골짜기에서 기도해도 되고, 산 중턱에서 기도해도 되지만, 엘리야는 갈멜산 꼭대기까지 올라갑니다. 하나님께 조금이라도 더 가까이 나아가겠다는 태도입니다. 이렇게 간절히 하나님을 바라며 기도할 때 하나님은 기도에 응답하여 주실 것입니다.

우리는 기도할 때 꾀를 부리지 말고 간절히 기도해야 합니다. 엘리야는 기도할 때 땅에 꿇어 엎드려 그 얼굴을 무릎 사이로 넣고 기도했습니다. 얼굴을 무릎 사이로 집어넣는 일은 아무나 되지 않는 동작입니다. 그런데 엘리야가 그렇게 기도할 수 있다는 사실은, 그가 평소에 얼마나 기도를 많이 했는지를 잘 말해줍니다.

우리의 간절한 기도는 긍휼과 사랑이 많으신 하나님의 마음을 움직입니다. 예배할 때에도 간절함이 있어야 하고, 찬양할 때에도 간절함이 있어야 하고, 헌신을 할 때에도 오른손이 하는 일을 왼손이 모를 정도로 오직 하나님만을 향한 마음을 쏟아야 합니다. 하나님께서 무엇보다 하나님을 찾는 간절한 마음을 보시는 것입니다.

3. 끝까지 인내하며 기도했습니다

엘리야가 갈멜산 꼭대기에서 간절히 기도한 후 사환에게 바다가 잘 보이는 곳으로 올라가서 바다 쪽을 살펴보라고 했습니다. 사환이 바다 쪽을 살펴보아도 아무것도 보이지 않았습니다. 엘리야는 사환에게 일곱 번씩이나 다시 가서 확인하라고 하였습니다. 일곱 번째에 손바닥만 한 작은 구름이 일어났고, 곧 큰 비가 내리기 시작했습니다.

우리는 기도할 때 한 번 기도드리고 응답 받지 못했다고 포기해서는 안 됩니다. 일곱 번까지, 더 나아가 칠십 번까지라도 기도해야 합니다. 물론 끈질기게 기도한다고 해서 다 들어주시는 것은 아닙니다. 자기의 인간적인 욕심을 가지고 기도하면 아무리 끈질기게 기도해도 들어주시지 않습니다. 그러나 하나님의 뜻대로 끝까지 기도하면, 그 기도에 응답하여 주시는 것입니다.

기도는 이것저것 해보다가 안 될 때, 막판에 가서 하는 최후의 수단이 아닙니다. 항상 기도할 때 하나님께서는 막판으로 우리를 몰지 않으시고, 때를 따라 이슬비와 같이 은혜를 내려주실 것입니다. 어떤 때는 뜨겁게 기도하고, 어떤 때는 싸늘하게 기도가 식어버리는 그런 냄비와 같은 신자가 되어서는 안 됩니다. 하나님은 하나님의 때에 복을 주시고, 하나님의 때에 은혜를 내려주십니다. 그러므로 때가 차기까지 기다리며 인내하며 열심히 기도해야 합니다.

말씀을 생각하며

1. 오늘의 말씀에서 가장 마음에 남는 말씀은 어떤 말씀입니까?

_____

_____

_____

_____

2. 왜 그 말씀이 마음에 남습니까?

_____

_____

_____

_____

3. 오늘 말씀을 읽고, 나의 신앙생활 속에서 고쳐야 할 점은 무엇입니까?

_____

_____

_____

_____

한 주간의 기도제목

나	
가 정	
교 회	

제31과
물고기 뱃속의 요나의 기도

요나 2:1-10
찬송 : 176(163), 295(417)

이르되 내가 받는 고난으로 말미암아 여호와께 불러 아뢰었더니 주께서 내게 대답하셨고 내가 스올의 뱃속에서 부르짖었더니 주께서 내 음성을 들으셨나이다(욘 2:2)

말씀을 저버리고 사명을 회피하고 도망치는 요나에게 무서운 풍랑이 일어나서 요나가 탄 배가 파산할 지경에 이르게 됩니다. 요나는 이 풍랑을 바라보며 이 풍랑이 자기 때문임을 알고 다른 사람을 살리기 위해서 나를 바다에 던지라고 말을 합니다. 요나를 바다에 던지자 그 무섭게 일어나던 풍랑이 그치고 바다는 잠잠해졌습니다. 요나는 바다 가운데 빠졌으나 하나님께서 큰 물고기를 예비하고 그를 삼키게 했습니다. 요나가 물고기 뱃속에서 한 일은 기도하는 일밖에 없었습니다. 요나에게 사명을 주신 하나님께 다시 요나가 기도하기 시작했습니다. 그럼 요나의 기도는 어떤 기도였습니까?

1. 물고기 뱃속에서 회개의 기도를 했습니다

요나는 환난의 큰 풍랑이 그를 둘러싸고 고난의 파도가 그의 생애를 어렵게 만들 때, 사망의 무덤 속과 같은 깜깜한 곳에서 그는 엎드려 하나님께 간절히 기도했습니다. 하나님의 사람은 환난이 다가올 때 먼저 기도해야 됩니다. 하나님의 사람은 어려운 일이 생길 때 기도의 무릎을 꿇어야 됩니다. 하나님의 사람은 인생길이 답답할 때 먼저 주님께 부르짖어야 됩니다.

요나는 그의 고난이 하나님의 말씀을 거역한 잘못 때문에 온 것임을 알고 하나님께 회개의 기도를 드렸습니다. 그리고 "내가 주의 목전에서 쫓겨났을지라도 다시 주의 성전을 바라보겠다 하였나이다"라고 말했습니다.

우리 인간의 최대 불행은 주님의 얼굴을 바라보지 못하고 주의 목전에서 쫓겨나며, 하나님과의 교제가 끊어지는 것입니다. 요나는 다시 주의 성전을 바라보겠다고 하였습니다. 성전을 바라본다는 말은 회개하고 돌이킨다는 뜻입니다. 성전은 하나님이 계신 곳입니다. 성전은 하나님의 임재의 장소입니다.

히브리 12:6, "주께서 그 사랑하시는 자를 징계하시고 그가 받아들이시는 아들마다 채찍질하심이라 하였으니"라고 하셨습니다. 하나님께서 요나를 내 버려 두시지 않은 것은 하나님께서 요나를 너무너무 사랑했기 때문입니다. 그 래서 요나를 바다 가운데 빠지게 만드시고 물고기 뱃속에 들어가게 하시고 거기서 회개하고 기도하게 만드셔서 하나님의 큰일을 이루게 하셨습니다.

2. 물고기 뱃속은 기도의 최적 환경이었습니다

인간의 삶에는 늘 즐겁고 기쁜 일만 있는 것이 아니라, 때로는 출구가 보이지 않는 막다른 골목에 갇혀 진퇴양난의 상태를 맞기도 합니다. 이때 아래를 보면 깊은 절망의 한숨밖에는 없지만, 이 순간만큼은 위를 보아야 합니다.

요나는 물고기 뱃속이라는 무덤 속, 즉 인간의 한계상황에 이르자 기도하기 시작합니다. 최악의 상황에서 취해야 할 최선의 선택은 기도입니다. 고난은 요나가 기도할 수 있는 최적의 환경을 제공하여 준 것입니다.

야고보는 "너희 중에 고난당하는 자가 있느냐 저는 기도할 것이요"라고 했습니다. 그런데 왜 고난이 기도의 최적 환경이 되는 것일까요? 고난 속에는 특별한 주님의 도움이 있기 때문입니다.

예수님도 고난을 당하실 때 겟세마네 동산에 오르셔서 기도하시며, 고난의 잔을 받으시고, 우리의 죄를 사하여 주신 것입니다. 우리가 고난당할 때 성령께서 도와주신다는 사실을 기억해야 합니다.

요나는 물고기 뱃속에서 하나님을 생각하기 시작했습니다. 고난의 뱃속에서, 환난의 뱃속에서, 괴로움의 뱃속에서 하나님을 생각하기 시작했고, 하나님께 돌아왔습니다. 우리가 이 세상에 살면서 늘 생각해야 하는 것은, 언제나 기도함으로 하나님의 은혜 가운데 거해야 하는 것입니다.

3. 기도의 관점이 변해야 합니다

기도할 때 요나는 자기의 고난을 하나님의 섭리로 볼 수 있었습니다. 그를 바다에 던진 것은 선원이 아니라 주님이요, 그를 두른 것 역시 주의 파도라고 말합니다. 기도하기 시작할 때 더 이상 그곳이 물고기 뱃속이 아니라, 그곳에 하나님의 손길이 있는 주님의 품 안이라는 사실을 발견하게 되었습니다.

기도는 관점의 변화를 일어나게 합니다. 기도하지 않을 때에는 모든 것이 나 중심이요, 우연이요, 나의 실수는 남의 탓이요, 실수의 결과는 불안하고 두렵고 절망적입니다. 그러나 기도할 때 내 삶을 주관하시는 하나님의 섭리를 보게 되며, 우연이 아니고 필연이요, 실수가 아니고 하나님의 계획이라는 사실을 발견하게 되는 것입니다. 이것이 기도하는 사람들의 안목이요, 기도하는 자만이 가지는 믿음입니다.

요나는 물고기가 주님이 예비하신 것이라는 사실을 알았습니다. 그러므로 물고기는 오히려 바다로부터 요나를 보호해 주는 주님의 구명정이며, 물이 아무리 깊어도 엄몰하지 못합니다. 기도의 사람들은 고난 속에서도 하나님의 손길을 깨닫고, 고난 속에서도 그가 가야 할 길을 발견하게 되는 것입니다. 이것이 기도의 중요한 효과입니다.

기도는 이렇게 우리의 안목을 바꾸어주고, 우리의 가치관을 바꾸고, 범사에 하나님을 바라보게 합니다. 고난은 성령이 도우시는 기도의 최적 환경입니다. 고난 속에서 기도할 때 반드시 하나님은 여러분의 길을 인도하시는 것입니다.

말씀을 생각하며

1. 오늘의 말씀에서 가장 마음에 남는 말씀은 어떤 말씀입니까?

_____

_____

_____

_____

2. 왜 그 말씀이 마음에 남습니까?

_____

_____

_____

_____

3. 오늘 말씀을 읽고, 나의 신앙생활 속에서 고쳐야 할 점은 무엇입니까?

_____

_____

_____

_____

한 주간의 기도제목

나	
가 정	
교 회	

제32과
태양을 멈추게 한 여호수아의 기도

여호수아 10:12-14
찬송 : 84(96), 445(502)

여호와께서 아모리 사람을 이스라엘 자손에게 넘겨 주시던 날에 여호수아가 여호와께 아뢰어 이스라엘의 목전에서 이르되 태양아 너는 기브온 위에 머무르라 달아 너도 아얄론 골짜기에서 그리할지어다 하매 태양이 머물고 달이 멈추기를 백성이 그 대적에게 원수를 갚기까지 하였느니라 야살의 책에 태양이 중천에 머물러서 거의 종일토록 속히 내려가지 아니하였다고 기록되지 아니하였느냐 여호와께서 사람의 목소리를 들으신 이 같은 날은 전에도 없었고 후에도 없었나니 이는 여호와께서 이스라엘을 위하여 싸우셨음이니라(수 10:12-14)

가나안을 점령하고 전진하는 이스라엘의 위엄에 굴복하여 화친 조약을 맺은 기브온 성 거민들을 미워한 아도니세덱을 중심으로 다섯 왕들이 동맹하여 기브온을 치러 왔을 때, 하나님께 태양이 머물러 있기를 기도한 여호수아의 기도를 하나님이 들으시고 해를 중천에 머물게 하시어 전쟁에서 완전한 승리를 거두게 하셨습니다.

1. 하나님의 영광을 나타낸 기도

여호와께서 전쟁을 이기게 하시던 날에 많은 이스라엘 백성 앞에서 여호수아가 공개적으로 드린 기도였습니다. 한적한 곳에서 혼자 숨어 한 기도가 아니라 많은 백성 앞에서 기도했습니다. 이번 전쟁의 승리가 사람의 힘이나 재주가 아니라 전적으로 하나님의 은혜와 능력으로 된 것임을 알게 하려는 것으로, 자기 자신의 권위나 유익을 얻고자 하는 것이 아니요, 전적으로 하나님의 영광을 나타내기 위한 기도였습니다.

우리도 어렵고 일이 힘들 때에 자신의 잘못이 무엇인가 먼저 생각하고 원망과 불평을 하지 말아야 하겠습니다. 또한 조금 잘 되면 입으로만 하나님의 은혜니 하면서 자신이 다 한 것처럼 해서는 안 되겠습니다. 우리는 간구는 많이 하고, 기도는 잘 하는데, 하나님의 영광을 나타내는 기도가 없습니다. 내 자신을 위해 무엇을 얻으려고 구하기보다 주님을 위해 내가 할 일을 찾고 구할 때 태양이 머무르는 역사도 일어날 것입니다.

2. 확신에 찬 기도

만약에 백성 앞에서 "태양아 너는 기브온 위에 머무르라" 해서 태양이 멈추지 않는다면 지도자의 권위는 어떻게 되겠으며, 함께 하신다는 하나님의 역사는 어떻게 될 것입니까? 그러나 몰래 숨어서 하나님께 기도하다가 안 되면 할 수 없지 않겠습니까? 그러나 여호수아가 공개적으로 부르짖은 것은 조금도 의심하지 아니하고 이루실 줄 믿었기 때문입니다. "믿음의 기도는 병든 자를 구원하리니 주께서 그를 일으키시리라"(약 5:15), "너희가 기도할 때에 무엇이든지 믿고 구하는 것은 다 받으리라"(마 21:22)고 하셨습니다.

히스기야 왕 때에 선지자 이사야의 기도로 해시계가 10도 뒤로 물러간 사건(왕하 20:8-11)도 태양과 관계된 우주적 응답입니다. 베데스다 연못가의 38년된 환자도 믿음으로 구할 때 고침을 받았습니다. 기도의 삶은 이론이나 형식이 아니라 확신을 갖고 믿음으로 구하면, 모든 것 다 아시는 하나님의 큰 역사를 이루는 것입니다. 확신이 없으면 기도가 힘들고, 불평과 원망만 나오게 되는 것입니다.

믿음의 기도는 모든 신앙인들의 믿음을 고무시키고, 용기를 심어 주는 능력을 가지고 있습니다. 인간의 기도에 대하여 하나님이 우주적인 응답을 하셨다는 이 사건은 성경 가운데서도 그 예를 찾아보기 어려운 만큼 아주 특별한 사건입니다. 하나님은 당신의 필요에 따라 우주 자연의 법칙을 일시적으로 조정하실 수 있는 능력을 가지신 분입니다. 천지 만물을 창조하신 하나님께 그런

것쯤은 그리 어려운 일이 아닐 것임을 여호수아는 믿었던 것입니다. 믿음으로 천지를 창조하신 하나님의 손을 잡을 때 넉넉하게 이길 힘을 주시고 태양도 머무르게 하십니다.

3. 완전한 승리의 기도

해가 지고 어두워지면 더 이상 전쟁을 수행할 수 없게 되며, 완전한 승리를 할 수가 없었습니다. 모세의 영도 아래서 믿고 구하는 것은 무엇이든 이루어진다는 사실을 수없이 체험한 여호수아는 하나님께 태양을 머무르게 해 달라고 기도한 것입니다. 이러한 믿음의 간구를 하나님께서도 응답하셨습니다.

하나님께서는 여호수아의 말을 듣고 태양과 달을 머물게 하셨습니다. 태양은 기브온 위에, 달은 아얄론 골짜기에 머물도록 하셨습니다. 그리하여 이스라엘이 대적을 치기에 충분한 시간을 얻을 수 있도록 하셨습니다. 이 사건을 두고 여호수아는 "여호와께서 사람의 목소리를 들으신 이 같은 날은 전에도 없었고 후에도 없었나니 이는 여호와께서 이스라엘을 위하여 싸우셨음이니라"(수 10:14)라고 설명합니다.

여호수아는 전쟁을 주관하시는 분이 하나님이심을 믿었습니다. 전쟁의 승패는 하나님이 어느 편에 계시느냐에 달려 있음을 알고 있었습니다. 그것은 하나님의 계시에 근거한 믿음이었습니다. 자연 법칙을 벗어나서 태양이 멈추게 되었던 사실은 전무후무한 사건이며, 하나님께서 이스라엘을 위하여 싸우셨다는 사실을 여실히 드러내는 것입니다.

하나님은 우리와 함께 하시며, 우리의 삶에 은혜와 사랑으로 때마다 도우시며 승리하게 하십니다. 한편으로 우리를 둘러싸고 있는 사단의 공격도 계속되고 있습니다. 우리도 더욱 열심히 기도하여 하나님의 능력으로 사단과의 싸움에서 완전한 승리를 얻도록 해야 하겠습니다.

말씀을 생각하며

1. 오늘의 말씀에서 가장 마음에 남는 말씀은 어떤 말씀입니까?

_____

_____

_____

_____

2. 왜 그 말씀이 마음에 남습니까?

_____

_____

_____

_____

3. 오늘 말씀을 읽고, 나의 신앙생활 속에서 고쳐야 할 점은 무엇입니까?

_____

_____

_____

_____

한 주간의 기도제목

나	
가정	
교회	

제33과
하나님의 마음에 합한 다윗의 기도

시편 141:1-5
찬송 : 263(197), 282(339)

여호와여 내가 주를 불렀사오니 속히 내게 오시옵소서 내가 주께 부르짖을 때에 내 음성에 귀를 기울이소서 나의 기도가 주의 앞에 분향함과 같이 되며 나의 손 드는 것이 저녁 제사 같이 되게 하소서(시 141:1-2).

시편 141편은 다윗이 아들 압살롬에게 쫓겨서 유대 광야에서 방황하던 시절의 시편입니다. 다윗을 살리기 위해 충성스런 신하가 달려드는 압살롬의 반란군 앞에 자기 몸을 던지면서 방어진을 구축했습니다. 그 죽어가는 신하를 뒤로 하고 다윗은 떠나갔습니다. 이런 답답하고 슬픈 상황에서 그는 살아계신 하나님 앞에 지금 기도하고 있습니다.

1. 내 입술의 문을 지키소서

'말이 씨가 된다'는 말이 있습니다. 우리 인생은 자기가 말한 대로 이루어지는 경향이 있습니다. 즉 긍정적인 사람은 긍정적으로 인생을 삽니다. 이것은 언어가 얼마나 인생에 크게 영향을 주는지를 말합니다. 모든 독충과 모든 맹수는 길들일 수 있지만, 우리의 세 치 혀는 우리 힘으로는 길들이지 못합니다. 오순절 다락방에 성령님께서 임하시자 불의 혀처럼 갈라지는 그 능력만이 우리 혀를 다스릴 수 있습니다.

다윗은 자기를 그처럼 박해했던 사울을 향해서도 부정적인 얘기를 하지 않습니다. 압살롬에게 쫓겨가는 자신에게 먼지를 떨며 욕하는 시므이를 향해서도 그는 부정적인 얘기를 하지 않습니다. 아비새라는 신하가 미운 시므이를 향해 단창에 요절을 내겠다고 말할 때, 그는 "가만두어라 여호와께서 허락하지 않으셨으면 저가 내게 그럴 수 없느니라"라고 합니다.

우리의 말이 사랑하는 남편이나 아내, 자녀나 이웃의 마음을 아프게 하는 일은 없습니까? 쉽게 내뱉는 말 한 마디가 얼마나 다른 사람이 마음을 아프게 하는지 우리는 생각해 보아야 합니다. 뺨을 맞는 것보다 말 한 마디 때문에 자살하는 사람도 있습니다. 우리 그리스도인들은 특히 더 말을 조심하여야 할 것입니다.

하나님의 사람, 다윗은 지금 어려운 지경에 처해 있습니다. 적군이 자기를 죽이려고 찾아오고 있습니다. 다윗은 자기를 살리려고 적의 말발굽에 짓밟히는 충성스러운 부하들을 바라보며 탄식하면서도, "하나님이여 내가 위급하기 때문에, 어렵기 때문에, 내가 당한 이 사건 때문에 내 입이 하나님 앞에 범죄하지 않게 해 주시옵소서. 내 입에 파수꾼을 세워주시옵소서. 내 입술의 문을 지켜주시옵소서"라고 기도합니다.

2. 내 마음을 지키소서

다윗은 "내 마음이 악한 일에 기울어 죄악을 행하는 자들과 함께 악을 행하지 말게 하시며 그들의 진수성찬을 먹지 말게 하소서"(4절)라고 기도합니다. 흔히 우리는 악에서 구하여 달라고, 악인의 꾀를 좇지 말게 해 달라고, 죄인의 길에 서지 않도록 도와달라고 기도를 합니다. 그러나 악한 자들과 같이 먹지 말게 해 달라고는 기도하지 않습니다. 그러나 다윗은 "하나님 아버지, 내가 악한 사람과 더불어 악을 행치 말게 하시며 그들의 진수성찬을 먹지 말게 하소서"라고 기도합니다.

사울이 다윗을 죽이기 위하여 이스라엘 광야에 수많은 군대를 풀어 그를 포위했습니다. 그런 어느 날 다윗이 숨어 있는 동굴에 무장한 군대도 변변히 데려오지 못한 사울이 왔습니다. 옆에 있는 신하가 다윗에게 말합니다. "하나님께서 기회를 주셨습니다. 이 좋은 기회에 저 사울을 처치합시다." 다윗이 사울에게 충성과 사랑을 다하였는데도 불구하고, 그 충성에 대한 대가가 자기를 죽이려는 것임에도 다윗은 "여호와께서 기름 부은 자를 내가 해할 수 없도다."라고 말합니다. 나아가 온 이스라엘 백성이 "사울이 죽인 것은 천천이요, 다윗은 만만이라"고 지지하지만, 사울을 죽이는 것은 자기가 할 일이 아니라는 것입니다.

마음을 지키는 사람은 용사보다 낫습니다. 우리들이 늘 넘어지는 가장 큰 이유는 마음을 지키지 못한 까닭입니다. "하나님이여 내가 어떤 경우에도 악한 길에 서지 않겠습니다. 그리고 내가 직접 악을 행하지는 않았더라도 악으로 얻은 소득에 대해서도 외면하겠습니다. 오로지 하나님의 성실을 나의 식물로 삼겠습니다." 이것이 두 번째 다윗의 기도의 내용입니다.

3. 귀를 지켜 주옵소서

다윗은 하나님 앞에 무서운 범죄를 저지른 사람입니다. 부하의 아내를 취하고, 그것을 감추기 위해서 그의 남편을 전쟁으로 몰아넣어 죽게 했습니다. 이 얼마나 치가 떨리는 일입니까? 죄는 감추면 감출수록 더 커집니다. 그래서 결국 살인까지 합니다. 그래서 다윗이 쓴 시편 대부분은 범죄한 다음 하나님 앞에 하나님의 은총을 참으로 사모하면서 쓴 시들입니다. 하나님은 그의 마음을 아시고, 그의 생애를 더욱 겸손케 만들고, 회개한 영을 더 온전하게 하셔서 하나님을 참으로 신뢰하는 사람이 되게 하셨습니다.

하나님께서 나단이라는 선지자를 다윗에게 보냈습니다. 그가 비유로 다윗이 지은 죄를 지적할 때, 다윗은 그 말씀 앞에 무릎을 꿇고 머리를 숙입니다. 좋은 말만 듣기 원하는 우리의 귀를 우슬초로 씻어 달라고 기도해야 합니다. 내 귀가 바른 것을 판별하지 못하면 바로 듣지 못합니다. 바른 말을 들을 줄 아는 귀를 허락해 달라고 기도해야 합니다. 주께서 우리의 모든 죄를 동이 서에서 먼 것처럼 깨끗이 씻어 주실 것입니다. 그리고 우리의 귀가 하나님 말씀에 귀 기울이도록 하여야겠습니다.

말씀을 생각하며

1. 오늘의 말씀에서 가장 마음에 남는 말씀은 어떤 말씀입니까?

_____

_____

_____

_____

2. 왜 그 말씀이 마음에 남습니까?

_____

_____

_____

_____

3. 오늘 말씀을 읽고, 나의 신앙생활 속에서 고쳐야 할 점은 무엇입니까?

_____

_____

_____

_____

한 주간의 기도제목

나	
가 정	
교 회	

제34과
다윗의 감사기도

사무엘하 7:18-29
찬송 : 362(481), 428(488)

다윗 왕이 여호와 앞에 들어가 앉아서 이르되 주 여호와여 나는 누구이오며 내 집은 무엇이기에 나를 여기까지 이르게 하셨나이까 주 여호와여 주께서 이것을 오히려 적게 여기시고 또 종의 집에 있을 먼 장래의 일까지도 말씀하셨나이다 주 여호와여 이것이 사람의 법이니이다 (삼하 7:18-19)

오랜 기간 동안 바알라의 아비나답의 집에 있던 하나님의 궤를 모셔 온 다윗을 하나님께서 기뻐하시며, "내가 너를 인정하여 왕으로 삼았고 네 백성들을 평안하게 하겠다. 너의 집안에 복 내려 한 왕조가 되게 하여 대대손손 왕위를 이어가도록 하겠다"(7:4-17)고 하셨습니다. 이 말을 듣고 다윗은 뛸 듯이 기뻐 성막에 들어가 감사기도를 드립니다.

1. 받은 은혜에 감사합니다

다윗은 "제가 무엇이관대 이런 왕위를 제가 차지할 수 있단 말입니까?"라고 감격하면서 하나님께 감사하고 있습니다. 일개 목자에서 왕이 되었다는 것을 생각하면 그럴 만도 합니다. 그러나 많은 사람들은 지위가 올라갈수록 그것을 자신의 노력에 의해 얻은 것으로 생각하는 경향이 있었는데, 주신 것에 감사할 줄 아는 다윗의 기도가 아름답습니다.

다윗은 "하나님 외에 이런 분 없습니다. 우리 민족을 구원하시기 위해 친히 이런 일을 하셨습니다. 주님만이 우리의 하나님 되십니다"라고 기도합니다.

지나온 날들에 대해 기억할 줄 알고, 베푸신 은혜를 감사 찬양할 줄 아는 다윗의 모습을 통해 하나님께서 다윗을 사랑하신 이유를 알게 됩니다.

다윗은 본래 이름 없는 베들레헴의 목동이었습니다. 비천한 이새의 막내아들이었습니다. 그런데 하나님께서 선택하셔서 이스라엘의 왕으로 세워 주시고 그 왕권을 든든하게 붙들어 주셨습니다. 이제는 그와 언약을 맺으시고 영원토록 왕권을 보장해 주십니다. 그의 후손을 통하여 메시아의 약속이 성취될 것입니다. 이러한 은혜를 덧입은 다윗은 '나와 내 집이 무엇이관대 이러한 과분한 복을 덧입게 하셨는지' 감격스러워합니다. 죄와 허물로 죽은 우리를 예수 그리스도의 십자가로 우리 죄를 사하시고 자녀 삼으실 뿐만 아니라 하늘의 기업을 얻게 하신 은혜와 같습니다.

다윗은 과거에 베푸신 하나님의 은혜를 잊지 않고 감사했습니다. 출애굽으로부터 홍해의 이적을 체험했으며, 통일 왕국의 정착에 이르기까지 열국 앞에서 하나님께서 이스라엘을 위해 베푸신 크고 두려운 일이 얼마나 많았는지를 눈으로 보았기에 그 은혜를 잊지 않고 감사했습니다.

은혜에 감사하지 않는 신앙은 불평하기 쉽고 배은망덕한 죄에 빠지기 쉽습니다. 오늘의 나 된 것은 누구 덕분인지 우리도 생각해 보아야 할 것입니다. 우리에게도 다윗과 같이 은혜에 감사하며 기도할 수 있는 겸손함이 있어야 하겠습니다.

2. 종의 집에 영원히 복 내려 주옵소서

"내가 너의 집안을 세우겠다"고 하신 하나님의 말씀을 듣기만 하는 것이 아니라 확고히 자기의 것이 되게 해 달라고 간구합니다. 하나님의 은혜에 대한 간절한 소망이 다윗에게는 있었습니다. 주실 것에 대해서도 간절히 사모하는 마음으로 기도할 때 하나님은 그 가정에 함께 하십니다.

다윗은 자신에게 말씀하신 하나님의 언약을 굳게 믿고 감사하면서 그 약속이 이루어질 것을 소원하였습니다. "여호와께서 말씀하셨사오니" "말씀하신 대로 행하사" 다윗은 언약의 말씀을 의심 없이 굳게 의지하고, 말씀대로 하나님께서 이루실 것을 믿었습니다.

신앙인은 말씀대로 하나님께서 이루실 것을 소망하는 것입니다. 이러한 믿음이 미래를 보장합니다. 오늘의 삶이 힘들고 괴롭더라도 소망으로 인하여 감사하십시오. 바른 기도생활이 하나님을 기쁘시게 할 수 있습니다.

다윗은 이스라엘 역사상 가장 넓은 영토를 확보한 왕이 됩니다. 물론 간음죄와 살인죄와 하나님의 명을 어기고 인구조사를 하는 죄를 범하기는 합니다만 그때에도 하나님 앞에 자신의 잘못을 철저히 회개(시 51편)하고 하나님과의 관계를 바르게 하려고 애썼던 왕입니다.

우리들도 약한 모습으로 사는 인간이지만 하나님과의 관계를 바르게 맺고 감사하며 살 때 하나님께서 새로운 기회를 허락하십니다.

말씀을 생각하며

1. 오늘의 말씀에서 가장 마음에 남는 말씀은 어떤 말씀입니까?

_____

_____

_____

_____

2. 왜 그 말씀이 마음에 남습니까?

_____

_____

_____

_____

3. 오늘 말씀을 읽고, 나의 신앙생활 속에서 고쳐야 할 점은 무엇입니까?

_____

_____

_____

_____

한 주간의 기도제목

나	
가 정	
교 회	

제35과
예레미야의 눈물의 기도

예레미야 4:19-31
찬송 : 275(333), 278(336)

내가 소리를 들은즉 여인의 해산하는 소리 같고 초산하는 자의 고
통하는 소리 같으니 이는 시온의 딸의 소리라 그가 헐떡이며 그의
손을 펴고 이르기를 내게 화가 있도다 죽이는 자로 말미암아 나의
심령이 피곤하도다 하는도다(렘 4:31)

우리는 예레미야를 '눈물의 선지자'라고 부릅니다. 그 이유는 이스라엘의
죄악과 멸망, 그리고 포로 된 것에 대하여 자주 애통하며 울었기 때문입니다.
그는 이스라엘의 멸망 직전부터 포로가 되어 생활하는 그들 속에서 활동하며,
닫혀진 이스라엘 사람들의 마음에 하나님의 말씀을 전했으나 그들이 듣지 아
니함으로 당하게 된 재앙을 보고 하나님 앞에 울며 기도하였습니다. 그래서
그를 눈물의 선지자라고 부르게 된 것입니다.

1. 전쟁의 경보를 들었기 때문입니다

"슬프고 아프다 내 마음속이 아프고 내 마음이 답답하여 잠잠할 수 없으니
이는 나의 심령이 나팔 소리와 전쟁의 경보를 들음이로다"(19)라고 말씀했습니
다.

예레미야는 영적으로 깨어 있었던 사람이었기 때문에 지금 하나님의 심판이
임박했다는 사실을 알았습니다. 저 하늘에서 경보 사이렌이 울리는 소리를 들
었습니다. 그런데 유다 백성들은 전혀 그 소리를 듣지 못하고 있습니다. 그래
서 너무 놀라 눈물을 흘리게 된 것입니다.

예레미야는 앞으로 일어날 일을 미리 영적으로 보았습니다. 바벨론이 예루

살렘에 쳐들어와서 저지를 끔찍한 일들을 자세하게 알고 있었습니다. 그들이 쳐들어와서 거룩한 하나님의 성전을 처참할 정도로 쑥밭을 만듭니다. 예루살렘 성은 죽은 시체로 넘쳐나고 피가 강이 되어 흐르고 철저하게 유린됩니다. 유다 백성들, 특히 처녀와 소년들은 포로로 끌려갑니다. 이 끔찍한 광경을 미리 목도한 예레미야는 눈물을 흘릴 수밖에 없었습니다. 그래서 예레미야는 밤새도록 애곡하여 눈물이 뺨에 흘렀습니다. 이런 심판의 경고를 무시하고 하나님께로 돌아오지 않는 백성들을 보며 안타깝게 선지자는 잠도 못 자고 울고 있는 것입니다.

2. 백성들의 어리석음을 보았기 때문입니다

"내 백성은 나를 알지 못하는 어리석은 자요 지각이 없는 미련한 자식이라 악을 행하기에는 지각이 있으나 선을 행하기에는 무지하도다"(22)라고 말씀했습니다.

어리석다는 말은 다른 사람의 가르침이나 교훈을 듣지 않아 결국은 무지하고 둔한 상태를 말합니다. 어리석은 자는 지금 자기가 가고 있는 길이 잘못된 길이 아니라 잘하고 있다고 생각합니다. 그렇기 때문에 다른 사람들의 조언이나 충고를 들을 필요가 없다고 생각합니다. 그래서 하나님의 말씀을 듣지 않습니다. 영적으로 무지하게 되고 결국 하나님 앞에 죄를 범하게 됩니다. 유다 백성들은 자기들이 하나님 앞에 잘하고 있다고 생각합니다. 열심히 제사를 드리고, 하나님께 바칠 것 하나도 어기지 않고 다 바치고, 율법에서 지시하는 것은 다 잘 지키고 있다고 생각하니, 예레미야 선지자의 경고를 듣지 않습니다. 아니 들을 필요가 없다고 생각해서 귀를 닫았습니다. 그렇게 울면서 호소해도 무시해 버렸습니다. 결국 멸망을 자초했습니다.

예레미야는 유다 백성들의 교만을 보았습니다. 자신들이 잘못된 길로 가면서도 그것이 잘못된 길임을 모르는 것을 안타깝게 생각했습니다. 자기가 바른 길을 가르쳐 주어도 듣지 않고 오히려 자기를 욕하고 저주합니다. 이런 모습을 보면서 울지 않을 수가 없었습니다. 우리는 결코 어리석고 미련한 사람이 되어 서는 안 됩니다.

3. 백성들을 사랑했기 때문입니다

예레미야가 그토록 눈물을 흘린 가장 결정적인 이유는 바로 유다 백성들을 향한 뜨거운 사랑 때문이었습니다. 50년 동안 그렇게 외쳤지만 아무도 듣지 않았습니다. 오히려 옥에 가두고, 매로 때리고, 저주하고, 비웃기만 했습니다. 그러나 예레미야는 포기할 수 없었습니다. 그렇게 전해도 끝까지 듣지 않는 유다 백성들 곁에서 눈물로 하나님의 말씀을 전하다가 그들에 의해 애굽으로 끌려가서 그들의 손에 돌로 맞아 죽고 맙니다.

예레미야는 유다 백성들을 사랑했습니다. 그래서 끝까지 유다 백성들 곁에 있었습니다. 그 아픔을 함께 나누며 눈물을 흘리면서 백성들 곁을 지켰습니다. 이스라엘의 탈무드에 이런 이야기가 기록되어 있습니다. 예레미야는 유다 백성들을 사랑했습니다. 그래서 눈물로 기도했습니다. 애간장이 끊어지듯 울며 하나님 앞에 매달렸습니다.

지금 우리는 피리를 불어도 곡하지 않는 눈물이 메마른 시대를 살고 있습니다. 메마른 우리 두 눈에 눈물을 채우시기 바랍니다. 눈물로 채워진 그 두 눈을 하나님께서 주목하십니다. 눈물로 멍이 든 그 마음을 하나님께서 귀하게 받으실 것입니다.

말씀을 생각하며

1. 오늘의 말씀에서 가장 마음에 남는 말씀은 어떤 말씀입니까?

_____

_____

_____

_____

2. 왜 그 말씀이 마음에 남습니까?

_____

_____

_____

_____

3. 오늘 말씀을 읽고, 나의 신앙생활 속에서 고쳐야 할 점은 무엇입니까?

_____

_____

_____

한 주간의 기도제목

나	
가 정	
교 회	

제36과
하박국의 참된 기도

하박구 3:1-2
찬송 : 40(43), 310(410)

여호와여 내가 주께 대한 소문을 듣고 놀랐나이다 여호와여 주는
주의 일을 이 수년 내에 부흥하게 하옵소서 이 수년 내에 나타내시
옵소서 진노 중에라도 긍휼을 잊지 마옵소서(합 3:2)

공의와 양심이 마비되어 버렸고, 민족의 미래가 너무나 절망적이고 두려웠
습니다. 하박국은 깊은 의심과 회의, 탄식의 골짜기에 빠져서 탄식하면서 하나
님께 나아갈 때마다 진정한 기도가 아니라 하나님께 따졌습니다. 그러나 결국
은 하나님께 겸손한 자세로 하나님의 말씀을 기다리고 바라보며 기도합니다.

1. 수년 내에 부흥하게 해 달라고 기도합니다

하박국의 간구는 구원과 안락을 간구한 것도, 용서해 달라는 간구도 아니었
습니다. 바벨론과의 전쟁을 피하게 해 달라고도, 예루살렘이 점령당하거나 약
탈당하는 일이 일어나지 않게 해 달라고는 간구도 아니었습니다. 심지어 하나
님의 성전만은 파괴되는 일이 없도록 해 달라는 간구도 아니었습니다. 오로지
"여호와여 주는 주의 일을 이 수년 내에 부흥케 하옵소서"라고 기도하는 것이
었습니다.

부흥은 영어로는 'Revival'인데, 이것은 '다시 생명을 준다'는 의미가 있습
니다. 부흥은 다시 살리는 역사이며, 교세가 확장되는 것이고, 양적으로 잘
되는 것은 부흥의 결과입니다. 하나님의 은혜가 인간의 죄악으로 말미암아 가
려졌던 것이 드러나는 것이 부흥입니다. 하나님의 사랑이 드러나고 확장되고
발견되고 거기에 대하여 감격하는 것이 부흥의 본질입니다.

그러므로 "수년 내에 부흥케 하옵소서"란 말은 "수년 내에 교회가 두 배 세 배 커지게 하옵소서"라는 뜻이 아니라, "이 백성들이 자기의 죄를 빨리 깨닫고 하나님의 심판의 의로움을 깨닫고, 이 진노 중에도 하나님은 그들을 사랑하시므로 그들에게 소망이 있음을 다시 확인하고 발견하게 하옵소서"라는 말입니다. 그 결과 이들의 삶이 회복되어 감사할 수 있고, 기뻐할 수 있고, 또 하나님이 복을 주셔서 번성할 수도 있는 것입니다.

참된 부흥을 위해 신령한 눈이 떠져서 바른 것을 보고 바른 것을 듣게 되면, 그래서 내 죄를 알게 되고 나에 대하여 회개하게 되고 새로워지게 되면, 부흥이 일어나게 되는 것입니다.

2. 하나님 당신의 일을 이루시기를 기도합니다

하나님께서 하시는 일이라면 가장 선하며, 가장 거룩하며, 가장 자비로운 것을 믿고, 나와 직접적으로 관련된 일보다도 하나님 그분의 일이 훨씬 소중하고 중대하다는 것을 인정하는 것이 중요합니다.

참된 기도는 하나님의 일을 가로막고 내 뜻대로 해 달라고 조르는 것이 아니라 하나님의 일이 나에게 우리에게 온 세상에 가장 좋은 일인 줄 알고 그것을 진행해 달라고 간구하는 그 믿음입니다. 현실에서 당하는 일이 고통스럽고 때로는 치욕스럽기도 하지만 그 모든 일이 우리의 온전한 구원에 이르게 할 줄 믿고 "주님, 고맙습니다. 당신의 일을 계속 행하십시오."라고 반응하는 믿음입니다. 심지어 "주님, 당신의 일에 비해서는 저의 일은 아무것도 아닙니다. 바로 당신의 일이 인류의 빛이고 희망입니다. 당신의 일이 진행되는 것이 가장 소중합니다." 하는 믿음입니다.

하박국 선지자는 장차 다가올 재앙을 보면서 "하나님, 우리가 벌을 받고 있을 때에라도 장차 임할 구원을 얻을 준비를 하게 하소서"라고 간구합니다. "당신이 이 진노를 그칠 때에는 이제 하나님의 일을 할 수 있는 사람으로 교정되고 깨끗하게 되고 새롭게 되게 하소서"라고 간구하고 있습니다.

3. 진노 중에라도 긍휼을 잊지 말아 달라고 기도합니다

하박국은 하나님의 공의가 시행되는 것이 참으로 중요하다는 것을 알았습니다. 자신을 포함한 이스라엘 민족이 당해야 하는 진노는 바로 하나님의 공의에서 나오는 것이기에 그것을 방해할 마음이 없었습니다. 그는 하나님을 묵상하는 중 오히려 그 공의가 이스라엘을 향한 것이든지, 혹은 바벨론을 향한 것이든지 상관없이 반드시 시행되어야 할 것을 믿게 되었고 간구하게 되었습니다.

그러나 한편으로 그는 하나님 그분의 공의와 다른 측면인 긍휼을 알게 되었습니다. 그래서 그는 자신도 하나님의 공의에 의하여 멸망 받을 수밖에 없는 존재임을 인정하고 고백합니다. 또한 바벨론만이 아니라 이스라엘도 하나님 앞에서는 그저 죄인임을 알았던 것입니다. 그리고 죄인 중에 괴수라도 하나님께 나아가 자비를 구하면 그가 긍휼의 손길을 내미실 자비의 아버지라는 믿음이 있었습니다.

나의 아픔과 고통, 그리고 나에게 아픔을 가져다준 저 사람들의 소행에만 머물러 있던 나의 눈을 이제는 떼어내야 하겠습니다. 그 뒤에 공의와 자비로 일하시는 하나님을 바라보아야 할 때가 왔습니다. 사람들이 전해주는 흉한 소문, 나쁜 소문에 내 귀를 빼앗기지 말고 주께 대한 소문에만 귀를 기울여야 할 때가 왔습니다.

우리에게 이 참된 기도가 있다면 벌써 우리는 믿음의 자리에 서 있고, 우리의 문제가 무엇이든지 간에 믿음의 정상을 향하여 올라가기 시작할 것입니다. 이제 우리는 진노 중에도 긍휼을 베풀어 주시기를 기도해야 하겠습니다.

말씀을 생각하며

1. 오늘의 말씀에서 가장 마음에 남는 말씀은 어떤 말씀입니까?

_____

_____

_____

_____

2. 왜 그 말씀이 마음에 남습니까?

_____

_____

_____

3. 오늘 말씀을 읽고, 나의 신앙생활 속에서 고쳐야 할 점은 무엇입니까?

_____

_____

_____

_____

한 주간의 기도제목

나	
가 정	
교 회	

제37과
지혜를 구한 솔로몬의 기도

열왕기상 3:4-15
찬송 : 428(488), 490(542)

누가 주의 이 많은 백성을 재판할 수 있사오리이까 듣는 마음을
종에게 주사 주의 백성을 재판하여 선악을 분별하게 하옵소서 솔로
몬이 이것을 구하매 그 말씀이 주의 마음에 든지라(왕상 3:9-10)

오늘 우리는 정보화 시대라고 하는 소위 지식의 홍수 시대를 살아가고 있습
니다. 이런 시대에 아직도 가장 절실한 우리들의 필요가 있다면 저는 지혜라고
생각합니다. 지식은 많은데 지혜는 아직도 부족하다는 말입니다. 지혜는 단순
한 지식이 아니라, 주어진 정보를 가지고 상황을 잘 판단하는 능력이라고 할
수 있습니다. 지혜로운 사람이었던 솔로몬의 기도의 특성을 세 가지로 살펴볼
수 있습니다.

1. 지속적인 기도

솔로몬은 결정적인 필요의 순간이나 혹은 위기의 순간에만 기도하지 않았습
니다. 자기가 왕이 되어 왕이라는 막중한 책임을 수행하려면 지혜가 필요하다
생각했을 것이고, 따라서 그는 늘 기도했을 것입니다. 오늘 말씀에도 솔로몬은
제사하러 기브온으로 갔다고 했습니다. 기브온은 예루살렘에서 서북쪽으로 약
10킬로미터 떨어진 고원지대 언덕인데, 솔로몬은 여기서 하나님께 예배하고
기도했으며, 1천 번제를 드렸습니다. 이것은 제사를 1천 번 드렸다는 말이 아
니라 1천 마리의 제물을 주께 바쳤다는 것입니다.

이렇게 솔로몬은 계속적으로 예배하고 기도했던 것입니다. 솔로몬이 이처
럼 계속 기도할 수 있었던 까닭은 하나님을 사랑하기 때문이며, 그 부친 다윗

의 법도를 따라서 행하며, 아버지 다윗이 아들에게 남긴 가장 값진 유산인 시와 찬양을 본받아서 하나님께 예배하며 기도했던 것입니다.

지혜가 필요하면 기도해야 합니다. 진지하게 기도하는 중에 떠오른 생각은 거의 잘못되는 일이 없지만, 즉흥적인 생각은 실패하기 쉽습니다. 그 시대의 모든 열방 지도자들이 흠모했던 솔로몬의 놀라운 지혜는 그의 기도 생활에서 얻어진 것이었습니다. 지혜로운 삶을 원하면 지속적으로 기도하기 바랍니다.

2. 겸손한 기도

솔로몬이 일천 번제를 드리던 때는 솔로몬이 자기 형 아도니야가 반역의 마음을 먹자 죽이고, 또 아버지 다윗을 저주했던 시므이까지 죽이자 나라가 더욱 견고해졌을 때였습니다. 솔로몬은 나라와 자기 자신이 연약할 때가 아니라, 나라가 자기의 권력 아래 아주 견고하게 섰을 때 일천 번제를 드린 것입니다. 그야말로 기고만장하며 교만해지기 쉬운 때입니다. 이것은 그가 몹시 겸손하다는 사실을 보여주는 것입니다.

사람들은 왜 기도하지 않을까요? 여러 이유가 있겠지만 가장 중요한 점은 겸손하지 않기 때문입니다. 자기의 연약함과 자기 무지를 모르기 때문에 사람들은 기도의 필요성을 느끼지 않는 것입니다. 솔로몬은 자기가 올바로 처신할 줄 모르는 사람이니 도와달라고 하나님께 기도했습니다. 그는 자기 무지를 아는 사람이요, 자기의 한계와 자기 연약을 아는 사람이었습니다. 약한 자를 들어 강하게 하시는 주님은 이런 사람들의 기도를 들어주시고, 지혜로운 사람이 되게 하여 주실 것입니다.

가정에서나 직장에서, 교회와 삶의 현장에서 지혜로운 사람으로 살아가기 원한다면, 자신을 낮추고, 자신의 부족함과 연약함을 인정하며, 자기의 무지함을 바로 보며 엎드려 주 앞에 도움을 구하여야 할 것입니다.

솔로몬이 이렇게 겸손하고 간절한 마음으로 하나님께 제사를 드리자 하나님께서는 솔로몬에게 복을 주시려고 꿈에 나타나셨습니다. 그리고 솔로몬에게 무엇을 해주면 좋겠는지 물으셨습니다. 이때 솔로몬이 뭐라고 대답했습니까? 지혜를 달라고 했습니다. 왜 지혜를 달라고 했습니까? 자기는 백성을 바르게 재판할 수 없기 때문에 선악을 바로 분별하여 백성을 바르게 재판하며 다스릴 수 있도록 지혜를 달라고 했습니다.

3. 이타적 기도

하나님 뜻에 맞는 기도는 죄가 되는 악한 것을 구하지 않고 하나님 뜻이 이루어지는 선한 것을 구하는 것입니다. 최소한 악한 동기가 아니라 선한 동기로 구하는 것입니다. 더욱더 다른 사람을 위하여 기도하는 것입니다.

오늘 우리 주변에서 '교회 다니는 사람들은 자기들만 안다'는 말을 흔히 듣습니다. 정말 기도하는 것을 보면, 기도 생활조차도 자기 영역을 벗어나지 못하는 것을 봅니다. 다른 사람을 생각하고, 다른 사람을 위하여 기도하는 것 보다는 거의 자기의 안녕과 부를 구하는 기도를 합니다. 기독교가 이방 종교처럼 기복적 종교로 변질되는 모습을 볼 수 있습니다. 자기 자신을 위해 기도하지 말라는 것은 아닙니다. 그러나 자기 자신을 위해 기도해도 그 기도의 차원이 달라야 합니다. 솔로몬은 자기에게 주어진 사명을 수행하고, 하나님이 맡기신 백성을 잘 섬기기 위해서 지혜를 구했습니다. 다른 사람을 위한 것이 곧 나를 위한 것임을 보여주는 것입니다.

하나님의 영광을 위해서, 그리고 하나님이 맡겨 주신 사명과 하나님의 사람들을 잘 섬기기 원한다면, 솔로몬과 같이 나의 연약함과 한계를 알고, 부족함을 채워 달라고 엎드려 주님의 지혜를 구하는 사람들이 되기를 원합니다.

말씀을 생각하며

1. 오늘의 말씀에서 가장 마음에 남는 말씀은 어떤 말씀입니까?

_____

_____

_____

_____

2. 왜 그 말씀이 마음에 남습니까?

_____

_____

_____

_____

3. 오늘 말씀을 읽고, 나의 신앙생활 속에서 고쳐야 할 점은 무엇입니까?

_____

_____

_____

_____

한 주간의 기도제목

나	
가 정	
교 회	

제38과
이사야의 기도

이사야서 6:1-8
찬송 : 495(271), 499(277)

내가 또 주의 목소리를 들으니 주께서 이르시되 내가 누구를 보내며
누가 우리를 위하여 갈꼬 하시니 그 때에 내가 이르되 내가 여기 있나이
다 나를 보내소서 하였더니(사 6:8)

스위스의 사상가 칼 힐티는 "내 인생 최고의 날이 있다면 나의 사명을 자각
하는 날일 것이다. 하나님께서 나를 이 목적을 위해 쓰시겠다고 작정하신 그것
을 깨닫는 일이다"라고 말했습니다.

이사야는 국가 운명을 전혀 예측할 수 없던 불확실한 시대에 조국의 운명을
짊어지고 성전에 들어가서 기도하다가 그가 평생 해야 할 사명을 발견했습니
다. 즉 하나님께서 그를 선지자로 부르시는 소명을 깨달았습니다. 이사야의
인생의 목적과 사명을 발견하도록 한 이사야의 기도는 어떤 기도였을까요?

1. 참회의 기도를 했습니다

사람이 일생을 통해 경험할 수 있는 가장 중요한 사건 두 가지는 구원의
사건과 소명의 사건입니다. 인생에서 가장 중요한 질문이 두 가지 있는데 이
질문에 확고하고 명확한 대답을 할 수 없으면 아직 인생을 제대로 살고 있지
못한 것입니다. "구원받았습니까?"라는 질문은 성경의 가장 중요한 질문입니
다. 그리고 "당신의 사명은 무엇입니까?"라는 질문에 대한 대답을 할 수 있는
사람은 진정으로 자기를 발견한 사람입니다.

구원받고 소명 받는 사람의 기도는 참회와 용서의 기도입니다. 이사야는

거룩하신 하나님 앞에 눈의 초점이 맞추어지는 순간, 자신을 발견하고 거꾸러 지면서 "화로다 나여 망하게 되었도다. 하나님, 저는 부정한 사람입니다. 입술 이 부정하고 마음이 부정합니다."라고 고백했습니다.

이것은 거룩한 하나님 앞에 섰을 때 상대적으로 거룩하지 못한 나를 발견하 는 체험입니다. 마치 투명하고 깨끗한 거울 앞에 서면 자신을 더 잘 볼 수 있는 것과 마찬가지로 말입니다. 하나님 앞에 서는 사람마다 자신의 추한 모습이 드러나는 것입니다.

하나님께서는 어떤 사람을 구원하거나 소명을 주실 때 언제나 거룩함을 요 구하시기 때문입니다. 거룩해야 하나님이 쓰실 수 있습니다. 우리가 하나님의 은혜로 구원받고 하나님의 일에 참여하기 위해서는 먼저 이사야와 같이 깨끗 함을 받기 위해 참회의 기도를 하는 사람이 되어야 하겠습니다.

2. 순종의 기도를 했습니다

바울은 로마 교회에 "예수 그리스도의 종 바울은 사도로 부르심을 받아"(롬 1:1)라고 자신을 소개합니다. 나아가 "너희도 그들 중에서 예수 그리스도의 것으로 부르심을 받은 자니라"(롬 1:6)고 합니다. 하나님께서는 성직자만 부르 시는 것이 아니라 모든 그리스도인들을 다 부르십니다. 그리고 하나님의 거룩 하신 일들을 맡기십니다.

죄 사함을 받고 주님 앞에 깨끗함을 받으면 하나님은 그 사람을 즉각적으로 쓰실 준비를 하십니다. 죄 사함을 체험한 이사야를 향해 하나님은 "내가 누구 를 보내며 누가 우리를 위하여 갈꼬."라고 말씀하십니다. 이 어둡고 암울한 시대를 향해 누가 우리를 대신하여 가서 성부·성자·성령 하나님의 위대하고 영광스러운 메시지를 전하라고 하시는 것입니다. 이사야는 그 말씀을 듣고 " 내가 여기 있나이다 나를 보내소서."라고 즉시 순종합니다.

하나님은 순종하는 자를 쓰십니다. 하나님이 쓰시지 못할 사람은 없습니다. 준비만 되어 있으면 크든 작든 나름대로 쓰임을 받습니다. 하나님은 소명을 준비하시고 그 사람을 사용할 위대한 계획을 가지고 그 삶의 장(場)에 다가오십니다.

3. 중보의 기도를 했습니다

선교사라는 말의 영어 단어 'missionary'는 '파송받았다'는 뜻의 라틴어 'mitto'에서 비롯된 말입니다. '사도'(使徒)라는 말도 '파송받았다'는 뜻의 단어입니다. 모든 사람이 다 해외 선교사가 될 수는 없지만, 우리는 다 선교사적 삶을 살아야 합니다.

하나님께서는 이사야를 통해 말씀을 들어야 할 대상이 누구인가를 즉시 보여 주셨습니다. "내가 너를 보내는 그곳 사람들이 어떤 사람들인 줄 아느냐? 그들은 눈이 감긴 사람들이다. 그들은 귀가 닫힌 사람들이다. 귀가 닫히고 눈먼 사람들에게 가서 너는 외쳐야 한다."(사 6:9 -10)고 하셨습니다. 눈이 감긴 사람, 귀가 안 들리는 사람을 향해 외쳐야 한다니 이 얼마나 난감한 일입니까?

이사야는 하나님께 기도합니다. "주여 어느 때까지니이까"(사 6:11). 언제까지 그들의 영적 상태가 눈먼 상태로, 무관심의 상태로, 말씀을 전해도 듣지 못하는 상태로 있어야만 하느냐는 것입니다. 이사야는 하나님의 말씀을 전해야 할 대상들을 생각하며 기도하며, 그들을 가슴에 품기 시작했습니다.

기도는 사역의 준비가 아니라 사역의 시작입니다. 기도로 하나님은 세상을 변화시키기 원하십니다. 기도로 내 이웃들을 섬기기 원하십니다. 하나님이 맡겨주신 우리의 이웃을 위해 기도할 때, 하나님의 영광스러운 새 역사는 시작되는 것입니다.

말씀을 생각하며

1. 오늘의 말씀에서 가장 마음에 남는 말씀은 어떤 말씀입니까?

_____

_____

_____

_____

2. 왜 그 말씀이 마음에 남습니까?

_____

_____

_____

_____

3. 오늘 말씀을 읽고, 나의 신앙생활 속에서 고쳐야 할 점은 무엇입니까?

_____

_____

_____

_____

한 주간의 기도제목

나	
가 정	
교 회	

제39과
삼손의 실패와 기도

사사기 16:26-30
찬송 : 93(93), 381(425)

삼손이 여호와께 부르짖어 이르되 주 여호와여 구하옵나니 나를 생
각하옵소서 하나님이여 구하옵나니 이번만 나를 강하게 하사 나의 두
눈을 뺀 블레셋 사람에게 원수를 단번에 갚게 하옵소서 하고 …… 블
레셋 사람과 함께 죽기를 원하노라(삿 16:28, 30)

어느 누구도 실패를 원하는 사람도 없고, 실패를 경험하지 않는 사람도 없을
것입니다. 성공한 사람이란 결코 한 번도 실패하지 않는 사람을 뜻하지는 않습
니다. 성공은 실패를 극복할 줄 아는 사람이 얻는 것입니다. 오늘 우리는 삼손
의 삶이 실패로 끝난 원인을 살펴보고, 그리고 삼손이 그 실패를 어떻게 극복
했는지 그 극복의 길을 찾아보도록 하겠습니다.

1. 삼손이 실패한 이유

첫째, 정욕을 이기지 못한 때문입니다

삼손은 자신의 정욕을 억제하지 못했습니다. 좋아하는 여자도 같은 민족인
이스라엘 사람이 아니라 하나님을 알지 못하는 이방 여자였습니다. 삼손은 나
실인으로 구별된 자임에도 불구하고, 하나님께서 어떤 여자를 아내로 삼아야
좋아하실지 전혀 신경 쓰지 않았습니다. 하나님이 원하시는 바를 염두에 두지
않았습니다. 아버지가 반대하는데도 순종하지 아니하고 자기가 원하는 대로
자기가 좋아하는 여자를 선택했습니다. 다시 말하면, 자기 감정에 따라 일을
처리하는 것이 삼손의 최대 약점이었습니다. 삼손의 이런 모습은 결정적인 인
생의 실패로 나타났습니다. 삼손의 실패는 자기 마음을 다스리지 못하고, 자신

의 약점을 보완하지 못한 데 있었습니다.

둘째, 껍데기뿐인 신앙 때문입니다.

삼손은 하나님께 구별된 나실인의 상징으로 머리에 삭도를 대지 말라고 하신 약속의 말씀은 잘 지켰습니다. 머리를 깎지 않았습니다. 그러나 머리만 깎지 않은 것은 형식만 지킨 것입니다. 하나님께서 진정으로 원하시는 것은 나실인으로서 성별된 삶을 사는 것이었습니다. 그런데 삼손은 하나님께 헌신된 표시로 머리를 길게 늘어뜨리고 다니면서, 실제의 삶은 블레셋의 타락한 문화속에 어울려 그들의 문화를 그대로 답습하며 살고 있었습니다. 이것이 삼손의 실패 원인입니다.

셋째, 영적 실재에 대한 무지 때문입니다.

삼손은 자신의 영적 상태에 대해서 무지했습니다. 자기의 영적 상태를 몰랐다는 말입니다. "들릴라가 이르되 삼손이여 블레셋 사람이 당신에게 들이닥쳤느니라 하니 삼손이 잠을 깨며 이르기를 내가 전과 같이 나가서 몸을 떨치리라 하였으나 여호와께서 이미 자기를 떠나신 줄을 깨닫지 못하였더라"(20절)

삼손은 여호와 하나님께서 이미 자기를 떠나신 줄을 깨닫지 못하고 있었습니다. 하나님이 더 이상 자신을 사용하지 않으신다는 사실을 알지 못하고 있었습니다. 이것이 삼손의 가장 큰 실패의 원인이었습니다.

2. 삼손의 마지막 기도

삼손은 생애를 마감하는 무렵에 자신의 잘못을 깨달았습니다. 그리고 실패를 극복하였습니다. 마침내 인생을 성공적으로 마무리하였습니다. 마지막 순간에 자기 삶을 역전시켜 승리했습니다. 이것이 삼손의 인생입니다. 삼손을 일깨웠던 원동력은 바로 기도였습니다.

1) 나를 생각하여 주옵소서

자신이 비록 잘못된 선택, 잘못된 만남으로 인해 하나님의 뜻에 어긋난 삶을 살았지만, 이방인들에게 당하는 자신의 처지를 기억해 달라고 간구합니다. 또한 내게 다시 한 번만 기회를 주셔서 내 사명을 감당할 수 있는 기회를 달라고 간구합니다. 비록 잘못된 삶을 살았다 할지라도 돌이켜 하나님의 뜻을 이루려는 심정임을 엿볼 수 있습니다.

2) 이번만 나로 강하게 하사 원수 갚게 하옵소서라고 기도합니다.

삼손은 마지막으로 하나님께 힘을 달라고 간구합니다. 자신의 강점인 힘을 이용하여 사사로서의 마지막 본분을 감당하고 싶은 욕구가 있었습니다. 비록 자기는 이 일로 인하여 죽는다 할지라도 이스라엘을 위해 힘쓸 수 있는 기회를 달라고 간구합니다.

삼손의 간절한 기도는 응답되어 하나님께서 삼손에게 힘을 주셨습니다. 죽을 각오로 다곤 신전의 두 기둥을 양팔로 껴안고 힘을 쓰자 집이 무너지고, 거기 있던 3,000명 정도의 사람을 덮쳐 죽습니다. 성경은 그가 살았을 때 죽인 수보다 이 때 죽인 수가 더 많다고 기록하고 있습니다.

우리도 삼손과 같이 실수를 할 수 있고, 실패를 할 수도 있습니다. 세상에 빠져서 헤어나지도 못할 때도 있습니다. 이것이 우리를 유혹하는 사탄의 역사입니다. 늘 깨어 기도하지 않으면 삼손과 다를 바 없는 신세가 됩니다. 늘 깨어 기도하는 성도들이 되어야 하겠습니다.

말씀을 생각하며

1. 오늘의 말씀에서 가장 마음에 남는 말씀은 어떤 말씀입니까?

_____

_____

_____

_____

2. 왜 그 말씀이 마음에 남습니까?

_____

_____

_____

_____

3. 오늘 말씀을 읽고, 나의 신앙생활 속에서 고쳐야 할 점은 무엇입니까?

_____

_____

_____

_____

한 주간의 기도제목

나	
가 정	
교 회	

제40과
사무엘의 참회의 기도

사무엘상 7:1-12
찬송 : 28(28), 552(358)

그들이 미스바에 모여 물을 길어 여호와 앞에 붓고 그 날 종일 금식
하고 거기에서 이르되 우리가 여호와께 범죄하였나이다 하니라 사무엘
이 미스바에서 이스라엘 자손을 다스리니라(삼상 7:6)

사무엘은 모든 백성이 이방신을 버리고 하나님만을 섬기자는 뜻으로 미스바
에 모이게 합니다. 하나님께 다시는 죄를 범하지 않겠다는 기도를 올리기 위해
서였습니다. 사무엘은 백성을 대표하여 하나님께 기도 드렸습니다. 오늘 우리
는 우리 자신과 나라를 돌아보며, 미스바의 교훈을 얻어야 하겠습니다.

1. 먼저 우상을 제거하는 결단을 했습니다

우리 기도의 응답을 가로막는 가장 커다란 장애물은 우상입니다. 이 우상은
눈에 보이는 우상일 수도 있고, 또 눈에 보이지 않지만 마음속에 감추어 두고
있는 우상일 수도 있습니다. 그것 때문에 하나님이 보이지 않고, 하나님께 대
한 관심이 퇴색할 수도 있습니다.

당시의 이스라엘 백성들은 하나님을 사모하면서도 한편으로는 그 하나님보
다도 더 중요한 관심, 즉 우상들이 그들의 마음과 생각을 지배하고 있었습니
다. "사무엘이 이스라엘 온 족속에게 말하여 이르되 만일 너희가 전심으로 여
호와께 돌아오려거든 이방 신들과 아스다롯을 너희 중에서 제거하고 너희 마
음을 여호와께로 향하여 그만을 섬기라 그리하면 너희를 블레셋 사람의 손에
서 건져내시리라 이에 이스라엘 자손이 바알들과 아스다롯을 제거하고 여호와
만 섬기니라"(3-4)고 하였습니다. 응답 받는 기도, 또 하나님이 원하시는 진

정한 결과와 목적을 실현할 수 있는 기도가 되기 위해서는 먼저 우상을 제거하는 결단을 선행했습니다.

우리는 기도하기 전에 먼저 우리와 하나님의 관계를 갈라놓고 있는 우상들을 제거하여야 하겠습니다.

2. 모든 것을 회개하는 기도를 했습니다

이방신을 버리고 하나님을 사모하는 거룩한 이스라엘 백성들이 미스바에 모였습니다. "그들이 미스바에 모여 물을 길어 여호와 앞에 붓고 그 날 종일 금식하고 거기에서 이르되 우리가 여호와께 범죄하였나이다 하니라"(6)라고 합니다. 강한 군대 블레셋의 위협으로 암담한 현실 속에서 이스라엘 백성들이 한 것은 하나님 앞에 물을 길어 붓는 것이었습니다.

물이 귀한 이스라엘 땅에서 물을 땅에 부었던 이유는 무엇입니까? 첫째는 마치 물을 부어 쏟듯이 자신의 마음 전부를 다 내어놓고 회개함을 나타내는 것이며, 다른 한편으로는 하나님 앞에 모든 것을 다 드린다고 하는 헌신의 의미를 담고 있습니다. 여기에 부흥의 비밀이 있습니다. 하나님께서는 하나님을 사랑하여 열정을 가진 자들의 쏟아 부음, 즉 그 헌신을 통하여 놀라운 부흥을 일으켜 주시는 것입니다.

하나님을 사랑하는 마음으로 자신의 죄를 자복하고 회개한 사람들의 마지막은 자신의 모든 것을 쏟아내는 일입니다. 자신의 몸을 드리지 않고 부흥을 기대하는 사람은 어리석은 사람입니다. 죄가 있으면 하나님은 우리의 기도를 들어 주시지 아니하십니다. 또한 죄가 있는 사람은 하나님이 쓰시지도 아니하십니다. 그러한 사람은 부흥을 경험할 수 없고, 또한 하나님의 일이 어떻게 이루어지는지를 이해하지 못하는 사람입니다. 하나님께서는 쏟아지는 물과 같이 헌신된 주의 종들을 통해 그분의 놀라운 부흥의 역사를 일으키십니다.

3. 기도의 결단으로 온전한 헌신을 드렸습니다

이스라엘 백성들은 회개의 기도만이 아니라, 기도의 결실로서 하나님 앞에 온전한 헌신을 결단을 드렸습니다. "사무엘이 젖 먹는 어린 양 하나를 가져다가 온전한 번제를 여호와께 드리고"(9).

번제는 태워서 드리는 제사입니다. 제물을 다 태워버립니다. 하나도 남기지 않고 전체가 태워져서 그 향기와 연기가 하늘을 향해서 오릅니다. 이것은 전적인 헌신의 상징입니다. 우리 자신이 주님 앞에 바쳐지기를 원하는 온전한 헌신의 상징입니다.

사무엘의 미스바 기도회는 단순히 전쟁을 끝내고, 평화를 가져오게 해 달라는 것만 아니라, 그들 자신을 변화시키는 놀라운 역사가 일어났습니다. 이스라엘 백성들이 하나님 앞에 자신의 삶을 바치고 살아가는 온전한 헌신의 사람이 되기를 원했습니다. 하나님과의 잘못된 관계를 회복하자, 하나님께서 친히 싸워 주셔서 블레셋 사람들을 물리치게 되었습니다.

오늘 미스바 기도회가 이토록 그들이 소원했던 평화를 가져왔을 뿐만 아니라, 하나님이 원하시는 모습대로 나아가 다스려지고, 온 백성이 하나님을 경외하고, 하나님을 예배하는 진정으로 새로운 의미의 나라가 될 수 있었습니다.

오늘 우리도 나라를 위하여 기도하여야 합니다. 우리 민족이 먼저 회개하고 하나님께로 돌아오도록 기도해야 합니다. 그리고 온 기독교인들이 하나님께 온전히 충성하며 헌신하는 삶을 살기를 바랍니다.

말씀을 생각하며

1. 오늘의 말씀에서 가장 마음에 남는 말씀은 어떤 말씀입니까?

_____

_____

_____

_____

2. 왜 그 말씀이 마음에 남습니까?

_____

_____

_____

_____

3. 오늘 말씀을 읽고, 나의 신앙생활 속에서 고쳐야 할 점은 무엇입니까?

_____

_____

_____

_____

한 주간의 기도제목

나	
가 정	
교 회	

제41과
솔로몬의 감사기도

열왕기상 8:22-53
찬송 : 220(278), 413(470)

이스라엘의 하나님 여호와여 주께서 주의 종 내 아버지 다윗에게 말씀하시기를 네 자손이 자기 길을 삼가서 네가 내 앞에서 행한 것 같이 내 앞에서 행하기만 하면 네게서 나서 이스라엘의 왕위에 앉을 사람이 내 앞에서 끊어지지 아니하리라 하셨사오니 이제 다윗을 위하여 그 하신 말씀을 지키시옵소서 그런즉 이스라엘의 하나님이여 원하건대 주는 주의 종 내 아버지 다윗에게 하신 말씀이 확실하게 하옵소서(왕상 8:25-26)

솔로몬은 언약궤를 시온산에서 모리아산의 새로 지은 성전으로 옮겨 놓았습니다. 오랫동안 광야에서 유리하던 언약궤가 이제는 영구한 건물인 성전의 지성소에 안치되었는데 솔로몬 왕은 그 성전을 하나님께 봉헌하면서 하나님의 은혜에 너무 감사하여 온 백성과 함께 하나님께 제사를 드렸습니다. 이와 같이 성막에서 제사를 드리다가 성전에서 제사를 드리게 된 것은 이스라엘 백성에 대한 하나님의 특별한 사랑을 나타내 주는 것입니다.

1. 확신에 찬 기도입니다

첫째, 상천하지에는 하나님뿐임을 확신합니다. 온 세상에서 여호와 같은 신(神)이 없다는 솔로몬의 고백으로 이스라엘의 하나님만이 유일하신 하나님이시며, 그 외에 어떠한 신도 존재하지 않는다고 하는 확신에 찬 신념입니다. 그는 여호와 하나님만이 살아계시고 인격을 가지신 하나님으로서 진심으로 자기를 믿고 따르는 백성들에게 언제든지 신실하게 약속을 지키시고 구원의 은혜를 베푸시는 하나님이라고 믿고 기도한 것입니다.

둘째, 왕위에 앉을 자가 끊어지지 않을 것을 확신합니다. 하나님께서는 다윗의 자손에게 은혜를 베푸셔서 비록 그들이 죄를 범할 경우에는 징계 하실지라도 그들의 왕위를 영원히 보존시켜 주시겠다고 약속하셨습니다(삼하 7:14 -16). 이 약속을 솔로몬은 굳게 믿고 기도한 것입니다. 사실 이 말씀은 다윗의 자손인 그리스도 예수를 통하여 이루어졌는데, 그 약속대로 예수 그리스도는 영원한 통치권을 소유하셨습니다. 우리는 우리 자손이 신앙의 계승자가 되도록 신앙적 교훈을 하여야 한다는 것을 배울 수 있습니다.

솔로몬은 백성들이 성전에서 기도할 때 들어주시기를 소원합니다. 솔로몬은 성전을 지으라고 하신 분이 여호와이시고 그가 역사하시므로 성전이 세워졌으니 이곳에서 기도하는 백성의 기도를 들어 달라고 기도했습니다. 그리고 하늘에 계시든 어디에 계시든 간에 이 성전에서 기도하는 소리를 들으시고 응답해 주셔야 한다고 기도를 했습니다. 교회는 만인의 기도하는 집입니다. 우리 성도들도 성전에서 기도하여 응답이 있기를 소원합니다.

2. 패전과 천재(天災)에 대한 기도입니다

이스라엘 백성이 범죄한 결과로 벌을 받아 적국에게 패전하는 경우에 그들이 회개하며 구원받기를 간구하면 도와주시기를 원하는 기도였습니다. 이것은 하나님의 사죄하시는 긍휼을 비는 기도입니다. 다시 말하면 전쟁하는 군인들이 승리하지 못하고 패했을 때, 이들이 그 전쟁을 승리하지 못한 것은 곧 우리들의 죄악이니, 이 죄가 있는 군인들을 용서해 달라고 기도하면 들어주십사 하고 솔로몬은 기도한 것입니다.

이제 우리도 사업에 실패하고 어떠한 일이 잘되지 않을 때 주의 전에 찾아와 기도를 해야 하겠습니다. 그러면 용서와 잘되는 축복을 받게 될 것입니다.

또한 솔로몬은 이스라엘 백성이 천재로 인해 회개하며 기도할 때에 들어주실 것을 기도하였습니다. 과학이 발달한 현대에도 사람의 힘으로 천재를 막을 수 없습니다. 근자에 이란에서 지진으로 수많은 사람이 죽었는가 하면 재산의 손실이 상당했다고 합니다. 이것은 현대의 과학으로도 막지 못한다는 증거입니다.

이 천재를 사람의 힘으로 막지 못한다는 것을 잘 아는 솔로몬은 기도했습니다. 우리도 천재는 아니지만 때로 불의의 불행을 입게 되는 경우가 많이 있습니다. 그러므로 우리는 언제나 나의 모든 생사화복을 주관하시는 주님께 맡기는 기도를 하여야 하겠습니다.

3. 이방인을 위하여 기도했습니다

솔로몬은 이방인들이 하나님의 이름을 부르며 성전을 향하여 기도할 때에 하나님께서 응답해 주시기를 소원했습니다. 그리하면 그들이 주의 이름을 알고 이스라엘처럼 경외하게 되리라는 것이었습니다.

하나님은 유대인의 하나님이신 동시에 이방인의 하나님이십니다. 하나님께서 구원이 유대인에게서 나도록 하신 것은 유대인만 위한다는 의미가 아니라 이방인도 위한 것입니다. 기독교가 전하는 구원의 보편성은 구약에 근거하며, 신약에 실현된 것이라고 말할 수 있습니다. 마가복음 11장 17절에 "내 집은 만민의 기도하는 집이라"고 했습니다.

이와 같이 솔로몬은 누구든지 주의 성전에 들어와서, 아니 주의 전을 향하여 부르거든 그들의 죄를 용서해 주시고 그들의 소원을 들어 주십사고 기도를 한 것입니다.

우리의 신앙생활에 원치 않는 일들이 닥친다 해도 바로 하나님께 기도하여 그 은혜를 사모하는 자에게 하나님의 축복이 임하는 것입니다.

솔로몬이 성전을 짓고 그 성전에서 기도한 내용을 생각해 보았습니다. 그의 기도는 참으로 다양했습니다. 이제 우리도 그가 기도한 문제들을 잘 배워서 다양한 기도를 할 수 있는 성도가 되어야 하겠습니다. 자신만을 위한 기도가 아니라 만백성을 위한 기도였습니다.

말씀을 생각하며

1. 오늘의 말씀에서 가장 마음에 남는 말씀은 어떤 말씀입니까?

_____

_____

_____

_____

2. 왜 그 말씀이 마음에 남습니까?

_____

_____

_____

_____

3. 오늘 말씀을 읽고, 나의 신앙생활 속에서 고쳐야 할 점은 무엇입니까?

_____

_____

_____

_____

한 주간의 기도제목

나	
가 정	
교 회	

제42과
느헤미야의 기도

느헤미야 1:1-11
찬송 : 94(102), 314(511)

만일 내게로 돌아와 내 계명을 지켜 행하면 너희 쫓긴 자가 하늘 끝
에 있을지라도 내가 거기서부터 그들을 모아 내 이름을 두려고 택한
곳에 돌아오게 하리라 하신 말씀을 이제 청하건대 기억하옵소서 이들
은 주께서 일찍이 큰 권능과 강한 손으로 구속하신 주의 종들이요 주
의 백성이니이다(느 1:9-10)

BC 444년경에 예루살렘으로 돌아온 느헤미야는 먼저 폐허가 된 예루살렘
성벽을 재건하는 일에 주력하였습니다. 또한 여러 가지 어려움을 겪는 중에서
도 성벽이 완공되자 느헤미야는 백성들의 죄악상을 통렬히 비판하고 그들 간
에 만연해 있는 악습을 척결하기 시작했습니다. 이렇게 함으로써 그는 유다
백성과 하나님의 관계를 회복시켰던 것입니다. 이렇게 되기까지는 먼저 그의
기도가 있었습니다. 오늘 그의 기도 내용을 생각하면서 은혜를 받고자 합니다.

1. 조국을 위해 울며 금식하며 기도했습니다

인생에게는 눈물이 있습니다. 눈물은 급격한 감정 중에서 솟아나는 것이므
로 이는 막을 수 없고 거절할 수도 없습니다. 그리고 몹시 슬플 때나 또는 몹시
기쁠 때 눈물이 흐릅니다. 그렇다면 느헤미야는 누구를 위하여 운 것일까요?
4절에 "내가 이 말을 듣고 앉아서 울고 수일 동안 슬퍼하며"라고 했습니다.
당시 그는 바벨론제국의 느부갓네살 왕이 예전에 예루살렘을 훼파시켰다는
사실을 잘 알고 있었습니다. 그러나 그 후에 귀환한 유대인들에 의해 예루살렘
이 어느 정도 회복되어 있으리라고 생각했습니다(느 2:3).

그는 유다와 예루살렘이 그렇게 처참한 형편에 처해 있으리라고는 생각도 못했던 것입니다(느 2:3). 따라서 언약 백성으로서의 의식이 강렬했던 느헤미야는 자기 백성의 비참한 소식을 듣고 나서 비록 자신은 평안하고 안락한 바사의 궁전에 있지만 위안을 얻지 못하고 슬퍼하며 통곡하면서 선민에 대한 약속이 실현되도록 기도를 한 것입니다.

느헤미야는 자기나 가족보다는 조국을 위하여 동족의 참상을 위하여 울며 금식하며 기도하였습니다. 우리도 우리 민족과 교회가 당하고 있는 고통을 하나님과의 새로운 관계 속에서 해결되도록 기도해야 합니다.

2. 민족의 죄를 자복하며 기도합니다

느헤미야는 이스라엘 백성들이 지은 죄를 용서해 달라고, 자복하는 참회의 기도를 드렸습니다.

진정한 애국자가 누구이며 참된 애국자가 누구입니까? 대통령, 국회의원, 국군장병, 대학생, 정치가, 농민, 산업전선에서 일하는 자, 이들이 다 각기 애국자를 자처하지만, 참된 애국자는 동족을 위하여 늘 하나님께 기도하며 힘쓰는 자가 진정한 애국자인 것입니다. 우리 성도들도 느헤미야같이 늘 나라를 위해서 기도해야 할 것입니다. 이것만이 진정한 나라를 위한 길입니다.

나라와 동족의 구원에 대하여 뜻있는 사람에게는 대소의 차이는 있을지언정 그 원하는 바는 누구에게나 있을 것입니다. 하나 동족을 사랑하는 자라고 힘주어 말한다면 그것은 그 동족과 나라를 생각하면서 기도하는 백성이요 나라를 위해서 희생의 정신을 가진 자인 것입니다.

무엇보다도 이 민족의 죄를 보지 말고 그들의 무지함을 생각하고 그들이 주님을 영접하는 날까지 이 백성들을 위해 우리도 계속되는 기도를 해야만 하겠습니다. 이것이 곧 애국하는 길입니다.

3. 언약을 믿고, 이스라엘의 회복을 간구했습니다

우리가 살고 있는 이 시대는 양심과 정신사상이 많이 해이해졌다고 개탄하고 있습니다. 우리 한민족을 가리키어 백의민족이라고 합니다. 그것은 여러 가지로 해석되겠지만 무엇보다 깨끗한 마음과 건전한 정신을 가리킨다고 할 때에 우리 조상들은 그와 같은 정신으로 살아왔는데 최근 주변에서 일어나는 일들을 보면 무엇보다 인간성 회복이 시급함을 느끼게 됩니다. 이 일을 위해서 우리 성도들은 기도해야 할 것입니다.

느헤미야의 기도 내용은 이스라엘의 하나님이 택하신 백성이지만 그들이 범죄하면 징벌하시고 또한 범죄한 것을 깨달아 회개하고 하나님께로 돌이키면 용서해 주신다는 것입니다. 그러므로 우리는 그 신실하신 말씀을 의지하여 하나님께 간구해야 할 것입니다. 하나님께서는 아무 기도나 들으시는 것이 아니라 당신이 주신 약속의 말씀을 근거로 기도할 때 들어주십니다. 그러므로 느헤미야는 이미 모세를 통해서 주신 약속을 잘 살펴보고, 그 중에서 레 26:27-45, 신 28:15, 58-68, 24:30 등에서 하신 말씀을 의지해서 기도한 것입니다.

국가의 앞날을 바라보며 눈물 흘려 기도할 수 있기를 소망합니다. 나라가 회복하는 길은 기도 외에는 다른 길이 없습니다. 하나님께 아룀으로 응답받아 하나님께 영광 돌리는 성도의 삶이 되시기를 주님의 이름으로 축원합니다.

말씀을 생각하며

1. 오늘의 말씀에서 가장 마음에 남는 말씀은 어떤 말씀입니까?

_____

_____

_____

_____

2. 왜 그 말씀이 마음에 남습니까?

_____

_____

_____

_____

3. 오늘 말씀을 읽고, 나의 신앙생활 속에서 고쳐야 할 점은 무엇입니까?

_____

_____

_____

한 주간의 기도제목

나	
가 정	
교 회	

제43과
예레미야의 감사기도

예레미야 32:16-25
찬송 : 585(384), 439(496)

슬프도소이다 주 여호와여 주께서 큰 능력과 펴신 팔로 천지를 지으
셨사오니 주에게는 할 수 없는 일이 없으시니이다 주는 은혜를 천만인
에게 베푸시며 아버지의 죄악을 그 후손의 품에 갚으시오니 크고 능력
있으신 하나님이시요 이름은 만군의 여호와시니이다 주는 책략에 크시
며 하시는 일에 능하시며 인류의 모든 길을 주목하시며 그의 길과 그
의 행위의 열매대로 보응하시나이다(렘 32:17-19)

하나님께서 밭을 사라고 하신 이유는 유다 백성이 죄악으로 인하여 바벨론
에 포로가 되었으나, 하나님께서 당신의 백성과 영원한 언약을 맺으시고, 그
언약을 성취하심으로 그 땅에서 안락하고 행복하게 살도록 하기 위해서입니
다. 하나님의 공의와 무한히 넓은 사랑에 대한 예레미야의 기도에 대해서 생각
하며 은혜를 나누고자 합니다.

1. 은혜를 천만인에 베푸심에 대한 감사입니다

예레미야가 기도를 하게 된 동기는 하나님의 크고도 넓으신 은혜를 다 헤아
릴 수는 없지만, 그 은혜를 깨닫고 보니 자신이 살고 있는 것과 모든 인류가
하나님의 은혜로 생존하고 있는 것을 알았기 때문입니다. 죄로 말미암아 죽어
도 몇 번이고 죽어야 할 인생이지만, 인간을 사랑하시고 독생자 예수 그리스도
를 희생시키심으로써 인간을 살리신 하나님의 거룩하신 사랑을 우리는 깨달아
야 합니다. 더구나 우리로 하여금 세상 사람들을 향하여 복음을 외치게 하시
고, 거룩한 사명을 주심을 감사하며 기도해야 할 것입니다. 예레미야는 하나님
의 사랑과 은혜를 깨닫고, 천만인에게 은혜 베푸심에 더욱 감사의 기도를 한
것입니다.

우리도 입으로만 주여 주여 하고 외치는 것에 그치지 말고, 예레미야와 같이 그 은혜가 천 대에 이르며, 오늘날 내가 존재하고 있다는 것을 깨달음으로 감사하는 성도가 되어야 하겠습니다.

2. 행위대로 보응하심에 대한 감사입니다

예레미야는 모략에 크시며, 행사에 능하시며, 인류의 모든 길에 주목하시며, 그 길과 그 행위에 열매대로 보응하시는 하나님. 전능한 우주의 창조자이며, 당신을 사랑하는 자를 사랑하시며, 범죄한 자를 보응하시는 공의의 하나님의 공정성에 대해 감사기도를 드렸습니다.

인간들은 공의가 없습니다. 그러나 하나님은 공의로워서 죄인들에게는 중벌로 다스리시고, 의롭게 행하는 자에게는 사랑과 복으로 보상을 하십니다. 또한 개인의 행위에 대하여 보상하십니다. 나누어 준 그대로 가져온 한 달란트 받은 자에게는 더 이상 재능이 없는 줄로 여기시고 아주 영원한 벌을 내리시며, 많이 남긴 자는 더 많이 주시는 하나님이십니다. 그러므로 우리들은 은혜와 은사와 사명을 받은 것에 대해서 늘 감사하며, 공의로운 하나님께 상급이 있도록 더욱 노력하며 힘써야 하겠습니다.

3. 능력으로 구원하심에 대한 감사입니다

이스라엘 백성들을 애굽 땅에서 인도하시기 위해 10가지 재앙을 내리셨습니다. **첫째**, 강물이 피로 변하게 하시고(출 7:14-25), **둘째**, 강물에서 개구리가 올라와 애굽 땅에 덮이게 하시고(출 8:1-7), **셋째**, 티끌을 쳐서 이가 되게 하시어 애굽 온 땅에 덮이게도 하시고(출 8:16-19), **넷째**, 강물을 쳐서 파리가 되게 하시고(출 8:20-31) **다섯째**, 말과 나귀와 약대와 우양에게 악질의 병으로 재앙을 내리고(출 9:1-9), **여섯째**, 사람과 짐승에게 임하는 독종의 재앙이 임하게도 하시고(출 9:8-12), **일곱째**, 사람과 짐승, 식물에 피해를 주는 우박의 재앙이 임하게도 하고(출 9:22-26), **여덟째**, 메뚜기를 동원하여 식물을 갉아먹게 하는 재앙을 내리시고(출 10:12-15), **아홉째**, 온 지면을 어둡게 하여 사람들의 활동을 제동시키는 흑암 재앙을 내리시고(출 10:21-23), **열 번째,** 사람과 짐승의 처음 난 것을 멸하는 재앙입니다(출 11:4-9, 12:29-36).

그리고 그들을 가나안으로 인도하셨습니다. 영적으로 마비된 상태가 되어 살아날 가망이 없는 그들을 하나님께서 능력을 보이시며 구원 얻기를 원하셨던 것입니다.

사랑 많으신 하나님은 지금도 죄악으로 가득 찬 이 세상에서 우리들을 지명하여 불러내시고, 갖가지 은사와 성령을 주시며 구원하기 위해 역사하고 계십니다. 우리들은 구원하신 하나님의 은혜를 알고, 그의 도우심을 감사하며 살아야 할 것입니다.

4. 주의 말씀대로 된 것에 대한 감사입니다

불순종하는 자들에 대한 하나님의 진노는 어느 누구도 감당할 수 없습니다. 하나님은 초자연적인 능력으로 흥하던 나라가 삽시간에 망하게도 하시고, 망하던 도성도 흥하게 하십니다. 예레미야는 하나님의 말씀대로 세상이 움직임에 대해 감사의 기도를 했습니다.

하나님은 이 세상을 말씀으로 지으시고, 인간들은 흙으로 만드시고 생기를 코에 불어 넣어 생령이 되게 하셨습니다. 예레미야는 이 사실들을 기도를 통해서 깨닫고 감사의 기도를 하는 것입니다. 이 말씀의 능력의 역사하심을 우리 모두는 깨달아야 합니다. 백부장과 같이 하인의 병도 고칠 수 있는 말씀의 능력을 믿는 자가 되어야 합니다(마 8:5-13).

바울은 복음을 전하는 일에 대하여 로마서 9:3에서 "나의 형제 곧 골육의 친척을 위하여 내 자신이 저주를 받아 그리스도에게서 끊어질지라도 원하는 바로라"고 했습니다. 우리들도 민족의 복음화를 위하여 기도하며, 교회가 하나님이 원하시는 사역을 감당하기를 기도해야 합니다. 이 땅에 주님이 다시 오셔서 심판하시는 날에 기쁨으로 주님을 영접할 수 있기를 원합니다.

말씀을 생각하며

1. 오늘의 말씀에서 가장 마음에 남는 말씀은 어떤 말씀입니까?

_____

_____

_____

_____

2. 왜 그 말씀이 마음에 남습니까?

_____

_____

_____

_____

3. 오늘 말씀을 읽고, 나의 신앙생활 속에서 고쳐야 할 점은 무엇입니까?

_____

_____

_____

_____

한 주간의 기도제목

나	
가 정	
교 회	

제44과
아모스의 이상중의 기도

아모스 7:1-9
찬송 : 540(219), 545(344)

이에 내가 이르되 주 여호와여 청하건대 그치소서 야곱이 미약하오
니 어떻게 서리이까 하매 주 여호와께서 이에 대하여 뜻을 돌이켜 주
여호와께서 이르시되 이것도 이루지 아니하리라 하시니라(암 7:5-6)

아모스 선지자가 어느 날 환상을 보게 되었는데, 이것은 이스라엘에 임하게
될 하나님의 재앙을 가리킵니다. 아모스는 이 환상을 보고 이스라엘에게 예언
하였지만, 당시 제사장 아마샤가 아모스를 반역자로 몰아 왕의 반발을 불러일
으키려 하였습니다. 하나님의 섭리를 모르는 백성들을 구원하기 위하여 기도
하는 아모스를 본받기를 원합니다.

1. 메뚜기 재난의 환상을 통한 기도입니다(1-3)

아모스가 본 첫 번째 환상은 황충인데, 이것은 풀을 벤 후 풀이 다시 움트기
시작할 때 땅의 모든 풀을 다 먹어 버리는 해충입니다. 이스라엘에는 예로부터
황충의 재앙이 종종 나타나고 있었습니다. 황충이 곡식과 풀들을 모두 먹어
버림같이, 외국 군대가 침입하여 생명과 재산을 빼앗을 것을 예시하는 것으로,
하나님의 징계로 나타나는 일입니다.

아모스가 "주 여호와여 청컨대 그치소서 야곱이 미약하오니 어떻게 서리이
까" 하고 기도할 때, 하나님은 아모스 선지자의 간구를 들으시고 진노에서 뜻
을 돌이켜 그들의 죄를 용서해 주시었습니다.

2. 불의 이상에 대한 기도입니다(4-6)

불은 큰 바다를 삼키고 육지까지 먹으려 하는 것으로, 첫 번째 재앙보다 훨씬 강한 재앙입니다. 외세의 침략으로 말미암아 온 도시가 불타 폐허가 되는 것을 의미합니다.

아모스는 편안히 두 다리를 뻗고 잠자던 꿈속에서 환상을 본 것이 아니라, 민족 이스라엘을 위해 간절히 간구하던 때에 환상을 보았습니다. 그래서 그는 먼저 민족 공동체를 위해 기도하였습니다. 그리고 "남은 구원에 이르도록 하면서도 자신은 구원에 이르지 못할까 두려워하라"는 말씀을 잘 알고 있는 아모스는 자신을 위해서도 기도를 했습니다.

3. 다림줄의 이상을 보고 기도합니다(7-9)

다림줄은 목수가 수직을 맞추는 기구로 한편에 추를 단 줄입니다. 하나님은 다림줄로 우리의 믿음을 재어 보시고, 하나님의 계명대로 사는지를 측량하시며, 우리 교회의 사명을 재어 보십니다. 아모스는 다림줄을 통하여 믿음이 부족한 것 때문에 하나님이 진노하심을 알고 기도를 하였습니다.

하나님은 항상 다림줄을 띄우시고 측량하고 계십니다. 우리는 항상 하나님의 다림줄 앞에 선 자세로 자기 자신의 상태를 점검하며 살아야 합니다.

4. 여름 과일 환상을 보고 기도합니다(8:1-14)

하나님은 아모스에게 과일 광주리의 환상을 통하여 이스라엘의 종말의 비참함을 말씀하여 주셨습니다. 가난하고 궁핍한 자를 압제하며, 하나님의 거룩한 절기와 안식일을 싫어하였으며, 부정한 돈벌이를 행하였던 것입니다.

과일이 익었다고 하는 것은 딸 때가 되었다는 것으로, 이스라엘의 죄상이 가득 차서 심판을 받을 때가 이르렀다는 것입니다. 하나님께서는 사람의 죄악이 가득 찰 때까지 기다렸다가 마침내 심판하십니다. 전쟁으로 인하여 죽은 사람의 시체가 많음 같이 심판을 당하게 될 것임을 보고 아모스는 민족의 회개와 구원을 위하여 기도하였습니다.

5. 부서지는 문설주입니다(9:1-10)

하나님께서 세상을 심판하실 때에 교회부터 심판하실 것이며, 교회의 멸망으로 말미암아 그 나라가 패망하게 되고 만다는 사실을 깨우쳐 주십니다. 그러므로 주의 백성인 성도들은 심판 날에 가장 먼저 주님 앞에 서게 될 것을 깨닫고, 항상 말씀을 따라서 바로 생활해야 합니다. 하나님의 오묘한 섭리를 잘 알고 있는 아모스는 하나님의 진노가 임박함을 보고 이스라엘 백성들이 망하지 아니하고 구원받기를 위해 기도했습니다.

한두 사람이 바로 산다고 해서 사회가 바르게 되는 것은 불가능한 사회입니다. 그러나 불의에 대항하며 정의를 실현하는 것은 근본적으로 하나님께로 돌아가는 일밖에는 없습니다. 아모스처럼 정의를 외치고 진리를 부르짖는 자세가 필요합니다.

오늘날에도 계시의 말씀을 믿고 순종하며 주의 뜻을 따라 사는 자는 하나님의 세미한 음성을 들을 수 있으며, 또한 하나님께 귀하게 쓰임 받을 수 있습니다. 하나님의 계시의 말씀인 성경을 읽고 묵상하며 기도드리는 일이 생활화되어서 하나님의 이름을 영화롭게 하는 삶이 되시기를 원합니다.

말씀을 생각하며

1. 오늘의 말씀에서 가장 마음에 남는 말씀은 어떤 말씀입니까?

_____

_____

_____

_____

2. 왜 그 말씀이 마음에 남습니까?

_____

_____

_____

_____

3. 오늘 말씀을 읽고, 나의 신앙생활 속에서 고쳐야 할 점은 무엇입니까?

_____

_____

_____

_____

한 주간의 기도제목

나	
가 정	
교 회	

제45과
에스라의 금식기도

에스라 8:21-23
찬송 302(408), 452(505)

그 때에 내가 아하와 강 가에서 금식을 선포하고 우리 하나님 앞에
서 스스로 겸비하여 우리와 우리 어린 아이와 모든 소유를 위하여 평
탄한 길을 그에게 간구하였으니(스 8:21)

바벨론의 고레스 왕은 주전 538년에 유대인들은 고국에 돌아가서 성전을
지으라는 조서를 내렸습니다. 이 조서를 들은 이스라엘 백성들은 바벨론에서
조금 떨어진 아하와 강변에 모여 꿈에도 잊지 못한 숙원의 가나안 복지 조국을
향하여 금식기도를 하면서 신앙의 전진을 시작했습니다.

1. 아하와 강변에서 기도했습니다

아하와 강은 그 때 바벨론에 살던 유대인의 중심지였습니다. 에스라가 예루
살렘에 귀환할 온 무리를 아하와 강가에 묵게 한 것은 기도하기 위해서입니다.
더욱이 이들이 고국에 갈려면 먼저 모여야 하고, 또한 험하고 먼 길을 가는
데는 하나님의 도움 없이는 갈 수 없기 때문에, 먼저 하나님께 모여 기도한
것입니다.

마태복음 18:20에 "두세 사람이 내 이름으로 모인 곳에는 나도 그들 중에
있느니라"고 하심 같이, 모이는 곳에는 주님이 함께 하시기 때문에 모여야 하
는 것입니다. 우리도 주님의 능력이 나타나도록 모여서 기도해야 합니다. 예수
의 이름으로 모이면 하나님이 함께 하십니다.

2. 겸비하여 금식하며 기도했습니다

에스라는 귀국하는 큰 목적을 놓고 기도하는데, 간절한 마음으로 금식하면서 기도하였습니다. 금식은 육체를 쳐 복종시키며, 죄를 끊고 겸비하게 되는 것입니다. 에스라는 민족을 위해 3일간 전유대인에게 금식령을 내렸습니다. 이는 육체를 쳐서 복종시켜서라도 우리들의 소원을 이루자는 선지자의 의견인 것입니다. 하나님께서는 금식을 통해서 우리가 죄를 끊어 버리기를 원하십니다. 나아가 이웃에 대해서뿐만 아니라 하나님 앞에 겸비하는 것이 금식의 목적입니다. 주님은 겸손한 자를 도우십니다.

아하와 강변에 모인 자들은 한 결 같이 겸손한 자들이 주님의 도움을 요청한 것입니다. 하나님은 금식하며 간절히 구하는 이들의 기도를 들으시고 평탄한 길로 인도하셔서 귀환의 소원을 이루어 주신 것입니다.

3. 교회 재건을 위하여 기도했습니다

에스라 7:27에 "우리 조상들의 하나님 여호와를 송축할지로다 그가 왕의 마음에 예루살렘 여호와의 성전을 아름답게 할 뜻을 두시고"라고 했습니다. 하나님께서 아닥사스다 왕의 마음을 감동시켜 이스라엘 백성으로 예루살렘에 귀환케 하심은 하나님의 성전을 재건하기 위해서였습니다.

에스라는 왕의 마음에 예루살렘 여호와의 전을 아름답게 할 뜻을 두신 것을 찬양하고 기도한 것입니다. 여호와의 전을 아름답게 했다는 표현은 성전의 재건과 신앙의 부흥을 두고 하는 말이라고 생각됩니다.

유대 백성들에게 있어서 성전은 생명의 원천이며 은혜의 보좌입니다. 파괴된 성전을 다시 세우고, 사로잡혔던 백성들이 돌아와 번제와 소제와 화목제를 드림이 어찌 아름다운 일이 아니겠습니까? 우리 모두는 성전을 중심한 신앙 봉사 봉헌을 해야 할 것입니다.

4. 하나님의 능력만 의지하며 기도했습니다

스 8:23에 "우리가 이를 위하여 금식하며 우리 하나님께 간구하였더니 그의 응낙하심을 입었느니라"고 했습니다. 하나님만 의지하며 세상의 군대의 힘을 의지하기를 거부한 에스라와 그 일행의 겸손한 기도는, 하나님의 응낙하심을 입어 예루살렘으로 귀환하는 중에 대적들과 길에 매복한 도적들이나 원수들의 손에서 안전하게 지켜주셨습니다. 이와 같이 하나님을 의지하여 도움을 요청하는 자의 기도는 응답받는 것을 기억하고 우리의 모든 일에 하나님을 의지하여 하나님의 도우심을 간구해야 하겠습니다.

에스라와 그의 일행은 정월 1일에 떠날 각오를 하고 여행 준비를 하여 그 달 12일에 아하와 강을 떠나 예루살렘으로 출발하였습니다. 그들이 기도한 그대로 하나님이 능력으로 도우셔서 여러 대적과 길에 매복하여 그들의 생명과 재산을 노리던 자들의 손으로부터 보호받아 5월 초하루에 예루살렘에 이르게 되었습니다. 이렇게 하여 무려 4개월이 넘게 걸린 험난하고 긴 여행은 하나님의 크신 은혜의 손길로 무사히 그 목적지인 예루살렘에 안전하게 도착하게 되었던 것입니다.

이와 같이 예루살렘 성전을 재건할 수 있도록 인도하여 주신 것처럼 우리 성도들의 험난한 인생길 또한 하나님의 크신 능력과 은혜로 보호해 주시고 인도해 주실 것입니다.

말씀을 생각하며

1. 오늘의 말씀에서 가장 마음에 남는 말씀은 어떤 말씀입니까?

_____

_____

_____

_____

2. 왜 그 말씀이 마음에 남습니까?

_____

_____

_____

_____

3. 오늘 말씀을 읽고, 나의 신앙생활 속에서 고쳐야 할 점은 무엇입니까?

_____

_____

_____

_____

한 주간의 기도제목

나	
가 정	
교 회	

제46과
다시 써야 하는 욥의 기도

욥기 13:20-28
찬송 : 543(342), 337(363)

곧 주의 손을 내게 대지 마시오며 주의 위엄으로 나를 두렵게 하지
마실 것이니이다 그리하시고 주는 나를 부르소서 내가 대답하리이다
혹 내가 말씀하게 하옵시고 주는 내게 대답하옵소서(욥 13:21-22)

욥은 재산을 잃고 자식을 잃고 또 건강도 잃었습니다. 친구들마저 욥이 죄를 지어 그런 일을 당한다고 하면서 공격하기 시작했습니다. 욥은 친구들과 논쟁을 하다가 하나님을 향해 고개를 돌리고 기도하기 시작합니다. 그런데 욥의 기도를 보면 몇 가지 문제가 있는 것을 볼 수 있습니다. 아마도 욥이 시험 끝난 다음에 이 기도를 다시 한다고 하면 몇 군데를 고쳐서 기도했을 것입니다.

1. 주님의 손을 내게 대지 마옵소서

21절에 "곧 주의 손을 내게 대지 마시오며 주의 위엄으로 나를 두렵게 하지 마실 것이니이다"라고 합니다. 욥은 지금 하나님이 자기에게 손을 대시고 그를 치고 있다고 생각하고 있습니다. 그러나 주님의 손은 결단코 하나님의 자녀를 괴롭히는 손이 아닙니다. 공연히 하나님의 자녀들을 못살게 구는 그런 심술 맞은 손이 아니기 때문입니다.

우리는 "하나님, 제게 왜 이러십니까? 왜 이렇게 저를 치십니까? 치지 마시고 이제는 손을 거두어 주시옵소서. 더 이상 저를 괴롭게 하지 마옵소서."라고 기도할 수 있습니다. 그러나 하나님께서 우리를 향해서 펼치는 모든 손, 이 손은 때로는 아프게 느껴지고 괴롭게 느껴지지만 사실은 그 손은 우리를 치료하는 손이요, 위로하는 손이요, 우리를 어루만지는 손이요, 싸매는 손이요,

새롭게 하는 손인 것을 기억해야 합니다. 사망의 골짜기에서 구원하는 손이요, 연약 중에 빠져 있는 우리를 강건하게 다시 세워 주는 손입니다.

그러나 이제 우리는 고쳐서 기도해야 합니다. 주님의 손이 지금 우리를 위해 일하고 있기 때문입니다. "주여, 내게 손을 대지 마옵소서"라고 하는 대신에 "주여, 나에게서 주의 손을 떼지 마시옵소서"라고 해야 합니다. '주님 계속해서 저를 다듬어 주옵소서. 연단해 주옵소서. 계속해서 저를 만지사 온전한 모습을 가지게 해 주옵소서. 진흙과 같은 날 빚으사 주님의 형상 만드소서.' 라고 기도하기를 원합니다.

2. 하나님 침묵하지 마옵소서

욥에게 다가오는 고통, 육체적인 고통은 참을 수가 있었습니다. 그런데 정말 괴로운 것은 하나님이 한 마디도 말씀하지 않는 것, 하나님의 침묵하심이었습니다. 그래서 욥은 "주는 나를 부르소서 내가 대답하리이다 혹 내가 말씀하게 하옵시고 주는 내게 대답하옵소서"(22)라고 합니다.

우리의 신앙생활 중에 제일 갑갑할 때가 언제입니까? 하나님이 말씀하시지 않을 때, 하나님의 침묵을 경험하는 순간에 얼마나 마음이 답답한지 모릅니다. 그래서 우리도 기도할 때 "하나님, 제발 말씀 좀 해 주세요"라고 하지 않습니까? 그러나 하나님께서 침묵하실 때야말로 우리 하나님은 우리를 가장 사랑하시고, 하나님이 말씀하지 않을 때야말로 하나님이 우리를 가장 생각하는 순간이라는 사실을 기억해야 합니다. 주님의 사랑의 표현은 때로는 깊은 침묵을 통하여 가장 깊은 사랑을 전해 주시는 것입니다.

그래서 스바냐 3:17에 "너의 하나님 여호와가 너의 가운데에 계시니 그는 구원을 베푸실 전능자이시라 그가 너로 말미암아 기쁨을 이기지 못하시며 너를 잠잠히 사랑하시며 너로 말미암아 즐거이 부르며 기뻐하시리라 하리라"고 노래합니다. 말씀하지 않고 침묵한다고 하나님이 나에게 관심 없는 것이 아니며, 나를 버린 것이 아닙니다. 조용히 말씀하지 않는 순간은 가장 하나님께서 열심히 확실하게 일하는 순간인 것을 기억할 수 있기를 바랍니다. 그는 우리를 돌보며 새롭게 하고 고치며 채워 주기를 원하는 사랑의 아버지이신 것을 확실히 믿으시기 바랍니다.

3. 주님 내 발을 자유롭게 하소서

"내 발을 차꼬에 채우시며 나의 모든 길을 살피사 내 발자취를 점검하시나이다"(27)라고 합니다. 욥은 자신의 발에 차꼬가 채워져서 꼼짝하지 못하고 있다고 생각을 합니다. 우리도 가끔 하나님이 나를 꼼짝 못하게 묶어 놓고 있다고 느낄 때가 있습니다. 그때 우리는 하나님 앞에 불평을 합니다. "하나님, 왜 묶어 두십니까? 풀어주세요."라고 불평을 하기도 합니다.

하나님이 우리를 묶어 두신다고 생각하는 순간이 복된 순간입니다. 사랑의 하나님은 우리가 잠시라도 고통을 당하도록 방치하는 분이 아닙니다. 하나님이 나를 묶어 두셨다고 착각하지 말아야 합니다. 그렇게 느끼는 순간이 바로 하나님이 반석 위에 나의 발을 세우시는 순간입니다.

이제 우리는 "주여, 내 발을 풀어 주소서"가 아니라, "주여, 내 발을 주님의 사랑의 줄로 묶어 주옵소서. 주님의 귀한 은혜의 줄로 더 묶어 주시옵소서. 주님의 귀한 진리의 줄로 더 묶어 주셔서 하나님 손에 붙들려 연단 받아 나의 발을 반석 위에 세우시고 사슴의 발같이 해 주시옵소서."라고 기도해야 할 것입니다.

말씀을 생각하며

1. 오늘의 말씀에서 가장 마음에 남는 말씀은 어떤 말씀입니까?

_____

_____

_____

_____

2. 왜 그 말씀이 마음에 남습니까?

_____

_____

_____

_____

3. 오늘 말씀을 읽고, 나의 신앙생활 속에서 고쳐야 할 점은 무엇입니까?

_____

_____

_____

_____

한 주간의 기도제목

나	
가 정	
교 회	

제47과
자신을 위한 바울의 기도

로마서 15:21-33
찬송 : 502(259), 511(263)

형제들아 내가 우리 주 예수 그리스도와 성령의 사랑으로 말미암아
너희를 권하노니 너희 기도에 나와 힘을 같이하여 나를 위하여 하나님
께 빌어 나로 유대에서 순종하지 아니하는 자들로부터 건짐을 받게 하
고 또 예루살렘에 대하여 내가 섬기는 일을 성도들이 받을 만하게 하
고(롬 15:30-31)

바울은 기도하는 사람이었습니다. 어디를 가든지 시간을 정하여 기도했으
며, 기도할 장소를 먼저 살피는 사람이었습니다. 그러한 바울도 자기 혼자 힘
으로 감당할 수 없는 기도 제목이 있어서 지금 한 번도 얼굴을 본 일이 없는
로마교회 성도들에게 몇 가지의 기도 부탁을 하는 것입니다. 바울은 무슨 부탁
을 하였을까요?

1. 환란에서 보호해 주시기를 기도 부탁했습니다

바울은 스페인(서바나)과 로마를 갈 계획이지만, 스페인과 로마로 가기 전
에 먼저 예루살렘을 방문하려고 하는 것입니다.

바울은 당시 로마 식민지하에서 가난하게 사는 예루살렘교회 성도들을 위하
여 마게도냐와 아가야의 이방인 교회에서 모금한 구제금을 전달하려는 목적을
가지고 있었습니다. 그런데 문제는 사도행전 20:22-25에서 자세히 밝히고 있
듯이, 만일 바울이 예루살렘에 올라가게 되면 유대교를 배신하고 이방인의 앞
잡이가 된 자라고 해서 유대인들에게 붙잡혀서 고난을 당하게 될 것이 분명했
습니다.

바울은 고난이 불 보듯이 보이지만, 하나님을 위한 일이라면 고난도 각오하는 신앙을 가졌습니다. 그러나 바울은 로마교회 성도들에게 이 눈에 보이는 환란에서 보호받도록 기도해 달라는 부탁을 하는 것입니다.

우리 믿는 자들도 뜻하지 않는 사고를 당할 수도 있습니다. 사업에 어려움이 닥쳐올 수도 있습니다. 원치 않는 병이 들어 누울 수도 있습니다. 시편 37:24에 "그는 넘어지나 아주 엎드러지지 아니함은 여호와께서 그의 손으로 붙드심이로다"라고 했으며, 시편 50:15에 "환난 날에 나를 부르라 내가 너를 건지리니 네가 나를 영화롭게 하리로다"고 했습니다. 마태복음 7:24-25에는 "반석 위에 지은 집에도 비가 내리고 바람이 불고 창수가 나지만 하나님이 함께하시므로 무너지지 않는다"고 했습니다.

우리에게는 작고 큰 어려움들이 기다리고 있을 수가 있습니다. 우리는 이를 인하여 염려만 할 것이 아니라, 바울과 같이 자신이 기도할 것이요, 기도의 동지를 찾아 함께 기도하여야 할 것입니다.

2. 주의 일을 방해하는 자들을 위하여 기도할 것을 부탁했습니다

바울이 이방인 교회에서 모금한 구제금을 가지고 가는데 문제가 있습니다. 그것은 예루살렘교회 성도들은 바울의 사도직을 부인하는 문제와, 이방인을 멸시하는 유대인들이 이방인 교회들이 보낸 구제금을 받지 않을 가능성이 있기 때문입니다.

그러나 사도행전 21과 28장을 보면, 바울이 예루살렘에 올라갔을 때 모든 염려는 기도로 해결되고, 성도들에게 대대적인 환영을 받았던 것을 알 수 있습니다. 마태복음 5:44에 "너희를 핍박하는 자를 위하여 기도하라"고 하셨습니다. 왜냐하면 나의 길을 방해하는 자를 위하여 기도하면 하나님께서 그 마음을 움직여 주시기 때문입니다.

우리는 나를 방해하고 핍박하는 자와 더불어 싸울 것이 아니라, 하나님께서 그 마음을 움직여 주시도록 기도해야 합니다. 우리가 기도할 때 하나님께서 우리 앞으로 나가시며, 꺾을 자를 꺾으시고, 움직일 자를 움직여 주시는 것입니다.

3. 로마로 가는 계획이 이뤄지기를 위하여 기도 부탁했습니다

바울의 소원은 로마에 가서 복음을 전하는 것이었습니다. 그러나 그 길은 열리지 않고 막히기만 했습니다. 그래서 바울은 예루살렘 방문 후 로마로 가는 계획을 세운 것입니다.

우리도 어떤 선한 목적을 가지고 일을 하다가 그 일이 쉽게 이루어지지 않는다고 포기하지 말고 기도의 동지를 구하여 꾸준히 기도하여야 합니다. 왜냐하면, 하나님은 지금도 우리의 기도를 분명히 듣고 계시는데, 다만 응답의 시간이 아니기 때문입니다. 하나님의 기회와 나의 기회가 다르기 때문입니다. 주님께서도 "내 원대로 마시옵고 아버지의 원대로 되기를 원하나이다"라고 하셨습니다. 우리도 하나님께서 내 시간에 맞춰주시기를 바라고, 내 방법대로 하기를 고집하지 말고, 하나님의 시간에, 하나님의 방법으로, 하나님 뜻대로 우리의 계획이 이루어지도록 기도하여야 하겠습니다.

말씀을 생각하며

1. 오늘의 말씀에서 가장 마음에 남는 말씀은 어떤 말씀입니까?

_____

_____

_____

_____

2. 왜 그 말씀이 마음에 남습니까?

_____

_____

_____

_____

3. 오늘 말씀을 읽고, 나의 신앙생활 속에서 고쳐야 할 점은 무엇입니까?

_____

_____

_____

_____

한 주간의 기도제목

나	
가 정	
교 회	

제48과
에베소 교회를 위한 바울의 기도

에베소서 3:14-21
찬송 : 455(507), 221(525)

> 그의 영광의 풍성함을 따라 그의 성령으로 말미암아 너희 속사람을
> 능력으로 강건하게 하시오며 믿음으로 말미암아 그리스도께서 너희 마
> 음에 계시게 하시옵고 너희가 사랑 가운데서 뿌리가 박히고 터가 굳어
> 져서 능히 모든 성도와 함께 지식에 넘치는 그리스도의 사랑을 알고
> 그 너비와 길이와 높이와 깊이가 어떠함을 깨달아 하나님의 모든 충만
> 하신 것으로 너희에게 충만하게 하시기를 구하노라(엡 3:16-19)

바울은 로마의 감옥을 기도하는 골방으로 삼고, 쇠사슬에 묶여 떨리는 손은
기도하기 위해 모았습니다. 바울이 드리는 기도는 하나님의 보좌를 감동시키
는 기도였습니다. 바울의 간구하는 기도 속에서 우리에게 주시는 주의 음성을
들을 수 있기를 소망합니다.

1. 능력으로 강건하게 해달라고 기도합니다

바울은 수십 년간 몸을 돌보기보다 신실한 신앙의 경주를 부단히 함으로
겉 사람은 늙고, 지치고, 신경통이나 관절염이나 안질 등으로 인하여 쇠약해질
대로 쇠약해진 몸을 가지고 있었습니다. 그를 돌봐주는 사람도 없고, 또 나이
많아 늙고 지친 쇠잔한 상태입니다. 힘이 없어 굳건함도 사라지고, 외모의 당
당함도 없습니다. 그러나 그의 속사람은 성령의 능력으로 늘 새로워진다고 고
백합니다(고후 4:16).

성령은 우리의 속사람이 하나님의 능력으로 강건하여지도록 돕는 보혜사입
니다. 하나님은 성령을 통하여 우리와 동행하시고 우리 안에 임재하십니다.
우리가 연약할 때 성령님의 도우심을 구해야 합니다. 그 때에 성령님은 우리를

기도할 수 있도록 도와주십니다. 우리가 무엇을 구하여야 할지 모를 때에도 성령님은 우리에게 간구할 것을 알게 하시고, 우리를 위하여 친히 구하여 주십니다(롬 8:26).

2. 그리스도께서 마음에 계시게 해달라고 기도합니다

요한복음 15:7에 "너희가 내 안에 거하고 내 말이 너희 안에 거하면 무엇이든 원하는 대로 구하라 그리하면 이루리라"고 말씀하십니다. 그리스도 안에 있는 사람은 문제 때문에 염려하지 않고 이루어주실 줄로 믿고 간구하면 하나님께서 이뤄주신다는 말입니다. 우리의 모든 문제는 우리가 그리스도 안에 있을 때 해결됩니다.

그리스도를 믿는 사람은 그리스도 안에 있는 사람입니다. 우리에게 믿음이 없다면 하나님이 살아계신 것이나, 말씀으로 만물을 창조하신 것, 독생자를 우리에게 보내신 것, 그 독생자가 나의 죄를 위해 십자가를 지신 것, 그가 부활하신 것, 그리고 지금도 우리 안에 계셔서 우리를 지키시고 보호하시고 풍성한 은혜를 베푸시기 원한다는 것도 알 수 없으며 고백할 수도 없습니다. 오직 믿음으로만 우리는 하나님의 비밀을 알 수 있습니다. 그래서 바울은 우리들 속에 그리스도께서 함께 계시기를 간구하는 것입니다.

3. 사랑 가운데 뿌리가 박히고 터가 굳게 해 달라고 기도합니다

우리의 신앙은 예수 그리스도를 기초로 하는 것입니다. 이 기초는 온전한 것이고, 흔들리지 않는 기초이며, 영원한 기초가 됩니다. 그리스도의 사랑에 뿌리를 깊이 내릴수록 더 큰 사랑을 공급받을 수 있고, 터가 견고할수록 그 신앙도 견고해집니다.

신앙에 있어서 깊이 내린 뿌리와 견고한 터는 사랑입니다. 사랑이 없으면 우리는 아무것도 아닙니다. 사랑의 뿌리 없이 지어진 믿음의 집은 잎만 무성한 무화과나무와 같습니다. 믿음이란 집은 사랑의 터 위에 세워지는 것입니다. 그러기에 바울은 우리가 믿음으로 인하여, 주님이 우리 마음의 주인이 되시고, 우리가 주님의 사랑 가운데 뿌리를 박아 신앙의 터가 단단해지기를 기도하는 것입니다.

그리스도의 사랑은 모든 인류의 지식과 경험과 한계를 초월한 사랑입니다. 그리스도의 사랑은 온 인류를 품어 안으시고도 남는 넓은 사랑이십니다. 영원부터 영원까지 변함없는 영구한 길이의 사랑입니다. 그리스도의 사랑이 없는 사람은 사랑을 깨닫지 못합니다. 왜냐하면 그리스도가 사랑이시고, 사랑의 근본이시기 때문입니다. 바울은 주님의 사랑의 넓이와 길이와 높이와 깊이가 어떠함을 깨달아 하나님의 모든 충만하신 것으로 너희에게 충만하게 하시기를 구하고 있습니다.

4. 하나님의 능력으로 충만케 해 달라고 기도합니다

기도를 응답하시는 하나님은 능력이 있으신 분이며, 우리 구하는 것을 아시는 분이십니다. 듣기도 하고 대답할 수도 있는 능력이 있는 분입니다. 우리가 구하는 것보다 오히려 더 많은 것을 알고 계시는 분이십니다. 우리에게 주시되 우리가 구한 것만큼 주시는 것이 아니라 더 풍성히 주실 수 있는 분입니다. 그 능력은 우리 안에서 역사하시는 능력입니다.

하나님의 능력으로 충만하게 해 달라는 것은, 하나님의 본질에 참여하는 자가 되게 해 달라는 의미이며, 하늘나라에 계신 우리 아버지께서 완전하신 것같이 완전하게 되게 해 달라는 의미입니다. 사도 바울은 하나님의 자녀 된 우리들이 하나님으로 충만하시기를 바라고 기도하고 있습니다.

우리는 우리의 속사람이 강건하기를 기도해야 합니다. 그리스도의 터가 굳어지고, 그리스도의 귀한 사랑을 믿음으로 깨달으며, 하나님의 모든 충만으로 충만한 그리스도인이 되기를 기도해야 합니다.

말씀을 생각하며

1. 오늘의 말씀에서 가장 마음에 남는 말씀은 어떤 말씀입니까?

_____

_____

_____

_____

2. 왜 그 말씀이 마음에 남습니까?

_____

_____

_____

_____

3. 오늘 말씀을 읽고, 나의 신앙생활 속에서 고쳐야 할 점은 무엇입니까?

_____

_____

_____

_____

한 주간의 기도제목

나	
가 정	
교 회	

제49과
빌립보 교회를 위한 바울의 기도

빌립보서 1:9-11
찬송 : 246(221), 549(431)

내가 기도하노라 너희 사랑을 지식과 모든 총명으로 점점 더 풍성하
게 하사 너희로 지극히 선한 것을 분별하며 또 진실하여 허물 없이 그
리스도의 날까지 이르고 예수 그리스도로 말미암아 의의 열매가 가득
하여 하나님의 영광과 찬송이 되기를 원하노라(빌 1:9-11)

오늘 말씀은 사도 바울이 빌립보 성도들에게 "너희 사랑을 지식과 모든 총
명으로 점점 더 풍성하게 하사" 지식과 총명이 수반된 사랑이 넘치기를 소원하
는 기도입니다. 홀로 무릎을 꿇고 "하나님 아버지, 빌립보 성도들에게 지식과
모든 통찰력이 동반된 사랑이 더욱 넘치게 하옵소서"라고 기도하는 바울의
간구 소리를 들어야 하겠습니다.

1. 성도들 사랑이 지식과 함께 점점 더 풍성해지기를 기도합니다

바울은 단순히 빌립보 성도들의 사랑이 점점 더 풍성하게 되기를 기도하지
않습니다. 그들의 사랑이 지식과 모든 총명으로 흘러넘치게 되기를 기도합니
다. 또한 단순히 지식이 풍성해지기를 위해서 기도하지 않고, 오히려 그는 그
들의 사랑이 지식으로 점점 더 풍성해지기를 기도합니다. 하나님을 만나서 얻
게 된 새로운 지식과, 그 지식에 입각해서 바른 판단을 할 수 있는 통찰력을
주시도록 기도합니다.

신앙생활을 하면서 자주 넘어지는 사람들은 지식이 부족한 사람들입니다.
지식이 밑바닥에 제대로 자리 잡고 있지 않아서 그렇습니다. 다른 사람들이
들려주는 솔깃한 이야기에 넘어갑니다. 자기에게 일어나는 여러 가지 일들로

인해서 혼란 속에 빠집니다. 그래서 영적인 침체 속에 빠져듭니다. 이런 자리에서 벗어나는 길은 하나님에 대해서 바로 아는 것입니다. 진리에 대해서 더 많은 지식을 소유하는 일입니다. 그래서 바울은 지식과 함께 한 사랑이 풍성해지기를 기도합니다.

바울은 빌립보 성도들이 서로 사랑함으로써 점점 더 풍성한 사랑이 넘쳐흘러서 모든 사람을 사랑할 수 있게 되기를 소원하는 것입니다.

지식과 분별력이 함께 하는 사랑이 되도록 기도해야 합니다. 점점 더 풍성한 사랑을 공급받도록 하나님께 간구해야 합니다. 나에게 그리스도의 사랑이 넘치고 있다면, 그 사랑에 지식과 분별력이 동반하도록 구해야만 합니다. 그때 그 사랑은 점점 더 온전하고 풍성하게 될 것입니다.

2. 분별력 있는 흠 없는 성도가 되게 기도합니다

진실하고 허물 없는 성도는 하나님과 사람 앞에서 투명하여 위선이 없는 완성된 모습입니다. 진실하고 허물 없는 성도가 되는 비결은 지극히 선한 것을 분별하는 삶이라고 말합니다.

성숙한 성도는 분별력이 있어야 합니다. 진실과 허위, 진리와 비진리, 참과 거짓을 분별할 줄 알아야 합니다. 그러나 더 중요한 것은 지극히 선한 것 중에서 더 선한 것이 무엇인가를 분별할 수 있어야 합니다.

바울은 빌립보 성도들이 하나님에 대한 지식이 풍성해지기를 기도합니다. 그와 동시에 선과 악, 그럴듯한 것과 실제로 진리에 속한 것을 식별할 수 있는 능력을 주시기를 기도합니다. 그것은 당시 교회에 필요한 능력인 동시에 오늘 우리에게 필요한 능력입니다.

온갖 거짓 진리와 미혹의 영이 날뛰는 시대에 바른 것과 그른 것을 구별하는 것은 쉽지 않습니다. 실제상의 선과 악을 분별할 수 있는 지각은 오늘 우리의 기도제목이어야 합니다.

바울은 "주를 기쁘시게 할 것이 무엇인가 시험하여 보라"(엡 5:10)고 했습니다. 지각을 사용함으로 연단을 받아 선악을 분별하는(히 5:14) 일은 쉬운 것이 아닙니다. 이 특별한 사랑은 유일하게 하나님으로부터 오는 것이기에, 바울은 이 사랑을 위해서 신령한 지혜와 총명을 주시기를 기도합니다.

3. 의의 열매가 가득하여 영광의 찬송 드리기를 기도합니다

인간은 하나님을 영화스럽게 하기 위하여 지음 받았습니다. 인간은 의의 열매를 맺음으로 하나님을 영화스럽게 할 수 있습니다. 의의 열매는 그리스도를 통해서만 맺을 수 있습니다. 그리스도를 모시고 그의 말씀에 순종하는 일을 계속할 때 의의 열매가 가득하게 됩니다. 의의 열매는 나 자신이 예수님을 닮는 것이며, 주님의 뜻을 이루어 드리는 것입니다.

"오직 성령의 열매는 사랑과 희락과 화평과 오래 참음과 자비와 양선과 충성과 온유와 절제니 이같은 것을 금지할 법이 없느니라"(갈 5:22-23). 성령님께서 우리를 예수님과 하나 되게 하심으로 우리 내면에 이런 열매를 맺어주십니다.

바울의 기도의 최종 목적은 하나님께 영광과 찬송이 되게 하시기를 구하는 것이었습니다. 이것은 그리스도인의 삶의 궁극적 목적이기도 합니다. 그러므로 바울의 기도는 인간의 최고, 최대의 목표를 추구하는 기도라 할 수 있습니다. 예수님은 "너희는 먼저 그의 나라와 그의 의를 구하라"고 하셨습니다. 하나님을 위한 기도, 하나님께 영광 돌리는 기도가 모든 기도의 본질이며, 우선순위가 되어야 합니다.

우리는 의의 열매를 풍성히 맺음으로 하나님의 영광과 찬송이 되어야 하겠습니다.

말씀을 생각하며

1. 오늘의 말씀에서 가장 마음에 남는 말씀은 어떤 말씀입니까?

_____

_____

_____

_____

2. 왜 그 말씀이 마음에 남습니까?

_____

_____

_____

_____

3. 오늘 말씀을 읽고, 나의 신앙생활 속에서 고쳐야 할 점은 무엇입니까?

_____

_____

_____

_____

한 주간의 기도제목

나	
가 정	
교 회	

제50과
귀신들린 딸을 위한 여인의 기도

마태복음 15:21-28
찬송 : 543(342), 216(356)

예수께서 거기서 나가사 두로와 시돈 지방으로 들어가시니 가나안 여자 하나가 그 지경에서 나와서 소리 질러 이르되 주 다윗의 자손이 여 나를 불쌍히 여기소서 내 딸이 흉악하게 귀신 들렸나이다 하되(마 15:21-22)

사마리아 여자에게 딸이 하나 있었는데 흉악한 귀신이 그를 사로잡고 있었습니다. 어머니의 심정이 어떻겠습니까? 아마 온갖 노력을 다했을 것이고 백방으로 방법을 찾아 이것저것 다 해보았을 것입니다. 그러나 증상은 더 악화되어 갈 뿐 고칠 길이 없었습니다. 그러던 어느 날 예수님이 그 고을을 다녀가신다는 소문을 듣고, 딸을 살릴 수 있는 마지막 기회라고 생각하고 예수님께 기도합니다. 우리는 그녀의 기도가 어떤 기도였으며 어떻게 응답 받았는가를 살펴보아야 합니다.

1. 벽을 넘어선 기도였습니다

여인이 사는 곳은 두로와 시돈으로, 이방인들이 모여 사는 곳입니다. 특히 시돈 지방은 바알 우상을 섬겼던 아합 왕의 처 이세벨의 고향이었습니다. 유대인들은 가기조차 꺼리는 그런 지방이었습니다. 거기다 그녀는 가나안 사람이었습니다. 가나안 사람은 본래 팔레스타인에 살던 원주민들입니다. 그들은 우상을 섬겼던 탓으로 신앙적으로나 도덕적으로 더러운 생활을 했습니다. 그래서 유대인들은 그들과의 접촉을 꺼렸고 개나 돼지처럼 취급했습니다.

출애굽기 23:23-24을 보면 하나님은 가나안 사람을 끊어버리겠다고 하셨고 가나안 땅에 들어가게 될 이스라엘 민족에게는 "그들의 신을 숭배하지 말라, 섬기지 말라, 그들의 행위를 본받지 말라, 그것들을 부셔라 그리고 하나님만 섬기라"고 명령하셨습니다.

살 가치조차 없는 가나안 원주민의 후손입니다. 그런 여자가 유대인 예수를 만난다는 것은 불가능한 일이었습니다. 그러나 그녀는 그 모든 벽을 뛰어넘었습니다. 편견도 법도 체면도 손가락질도 딸을 살리려는 어머니의 기도를 막을 수가 없었습니다.

체면과 입장을 버려야 합니다. 체면 때문에 예수를 포기하고 기도를 포기하는 게 옳습니까, 아니면 체면을 접더라도 예수 믿고 기도하는 게 좋습니까?

2. 소리 질러 기도했습니다

22절을 보면 "나와서 소리 질러 가로되"라고 했습니다. 소리 질렀다는 것은 사람들이 에워싸고 있기 때문에 자신의 소리가 예수님께 들리도록 고함을 쳤다는 것입니다. 그 소리를 예수님도 제자도 에워싼 군중도 들었다는 것입니다. 우린 여기서 어떤 기도라야 하는가를 생각해야 합니다. 들리지 않는 기도, 상달되지 않는 기도는 의미가 없습니다. 그것은 독백에 불과합니다. 혼자 중얼거리면 뭐합니까?

건강한 사람은 대화를, 믿음이 있는 사람은 기도를 합니다. 남이 듣거나 말거나 혼자 중얼거리는 것을 독백(monologue)이라고 합니다. 둘이서 도란도란 얘기하는 것을 대화(dialogue)라고 합니다. 그러나 더 중요한 영적 대화, 하나님과의 대화를 기도(prayer)라고 합니다.

성경은 소리 질러 찬송하고 소리 질러 기도하라고 말씀합니다. 딸을 살리느냐 포기하느냐의 마지막 기회 앞에서 소리 못 지를 이유가 없었습니다. 영적 세계에서는 기도 소리, 찬송 소리 큰 사람이 이깁니다. 소리 질러, 소리 내어, 내 소리로 기도합시다.

3. 무관심과 모욕을 넘어선 기도였습니다

23절을 보면 "예수는 한 말씀도 대답지 아니하시니"라고 했습니다. "내 딸이 흉악한 귀신들렸습니다. 내 딸을 살려 달라"며 소리 지르고 뒤 따라 가는 그녀를 본척만척하신 것입니다. 단 한마디도 뭐라고 대답하지 않으셨습니다. 철저하게 무시하신 것입니다. 그러나 그녀는 포기하지 않았습니다. 인격적으로 대접받고 인정받기 위해 그녀가 예수를 따라 가는 것이 아닙니다. 그런 것은 아무래도 상관이 없습니다. 딸 살리는 것이 주목적입니다. 응답이 없고 관심이 없어 보이더라도 포기하면 안 됩니다.

그녀가 물러서지 않고 간청하자 주님은 "자녀의 떡을 취하여 개들에게 던짐이 마땅치 않다"고 말씀하셨습니다. 예수님마저 그 여자를 보통 유대인들처럼 개로 비유하신 것입니다. 여인은 대답합니다. 27절을 보면 "주여 옳소이다마는 개들도 제 주인의 상에서 떨어지는 부스러기를 먹나이다."라며 불평도 항의도 하지 않았습니다. 대들지도 않았습니다. 오히려 자신을 개로 인정했습니다.

왜 주님은 그 연인에게 그렇게 무관심하고 무시하신 것일까요? " 이에 예수께서 대답하여 이르시되 여자여 네 믿음이 크도다 네 소원대로 되리라 하시니 그 때로부터 그의 딸이 나으니라"(28)고 했습니다. 주님은 그녀가 시험을 참고 믿음이 클 때까지 연단하신 것입니다.

그녀는 응답 주실 때까지 참고 매달리고 기도했습니다. 그리고 결국 응답을 받아낸 것입니다. 만일 그녀가 예수님이 모른 척 했을 때, 제자들이 방해하고 딴죽을 걸었을 때, 예수님이 정면으로 거절하고 모욕을 주었을 때, 집어 팽개치고 그곳을 떠났다면 그 여자는 딸 때문에 길고 긴 세월 동안 고통하며 절망 속에 살아야 했을 것입니다. 우리도 기도할 때 포기하지 말고 끝까지 인내하며 기도하는 자세가 필요합니다.

말씀을 생각하며

1. 오늘의 말씀에서 가장 마음에 남는 말씀은 어떤 말씀입니까?

_____

_____

_____

_____

2. 왜 그 말씀이 마음에 남습니까?

_____

_____

_____

_____

3. 오늘 말씀을 읽고, 나의 신앙생활 속에서 고쳐야 할 점은 무엇입니까?

_____

_____

_____

_____

한 주간의 기도제목

나	
가 정	
교 회	

제51과
바디매오의 기도

마가복음 10:46~52
찬송 : 341(367), 459(514)

나사렛 예수시란 말을 듣고 소리 질러 이르되 다윗의 자손 예수여
나를 불쌍히 여기소서 하거늘 많은 사람이 꾸짖어 잠잠하라 하되 그가
더욱 크게 소리 질러 이르되 다윗의 자손이여 나를 불쌍히 여기소서
하는지라(막10:47-48)

요즘은 적지 않은 사람들이 자신이 당면한 사회적 정신적 혹은 법률적인
문제를 해결하는 데 도움을 얻기 위해 정신과 의사나 상담가 혹은 변호사를
찾아가서 상담을 의뢰하고 있습니다. 오늘 주님께 자신의 문제를 해결받기 위
해 도움을 요청한 주인공은 바로 맹인 거지 바디매오라는 사람입니다. 바디매
오의 기도를 통하여 우리 자신을 돌아보기를 원합니다.

1. 소리 질러 기도했습니다

바디매오는 평상시에는 남을 향하여 크게 소리를 지를 만한 사람이 아닙니
다. 그러나 그는 나사렛 예수란 말을 듣는 순간 마치 미친 사람처럼 소리치기
시작했습니다. 그러므로 많은 사람들이 잠잠하고 조용히 하라고 난리를 치고
꾸짖었지만 그럴수록 그는 더욱 더 소리쳤습니다.

누구도 그의 부르짖는 소리를 조용하게 할 수 없었습니다. 오직 예수께서
그의 기도를 들어주시는 일만이 그의 소리를 잠잠하게 할 수가 있었습니다.
그러므로 그의 기도에 주님께서도 응답할 수밖에 없는 것입니다.

기도하는 방법은 사람마다 다양합니다. 그러나 주님께서 거부할 수 없는
기도는 바로 바디매오처럼 부르짖는 기도입니다. 그러므로 하나님은 예레미야

를 통하여 말씀하시기를 "너는 내게 부르짖으라 내가 네게 응답하겠고 네가 알지 못하는 크고 은밀한 일을 네게 보이리라"(렘 33:3)고 하셨습니다.

마귀가 가장 듣기 싫어하는 소리가 바로 우리가 깊은 영성으로 부르는 찬양과 부르짖는 기도입니다. 그러므로 찬양과 기도 소리가 커지면 죄와 그들은 멀어지고, 작아지면 다시 가까이 오는 것입니다. 때문에 기도 소리가 커지면 죄와 저주는 그만큼 멀리 떠나고 작아지면 가까워지는 것입니다. 우리가 부르짖는 기도에 주님이 응답하여 주시는 역사가 있기를 원합니다.

2. 긍휼히 여겨 달라고 했습니다

사람들의 눈에 비쳐진 바리새인과 세리와의 신분 차이는 하늘과 땅 차이였습니다. 그러나 하나님이 보실 때에는 그 둘 다 하나님의 긍휼을 얻어야 할 죄인들에 불과했습니다. 그런데 바리새인의 기도 속에는 자신의 신분 좋음과 종교적 행위에 대한 감사는 있었지만, 가장 중요한 겸손한 회개와 긍휼이 빠져 있습니다.

이런 사람은 자신의 삶이 힘들고 괴로워지면 대부분 원망과 불평으로 기도를 대신하고 하나님을 멀리하기 쉽습니다. 그러나 세리는 자신의 못나고 어려운 처지와 형편에 원망하지 않았습니다. 불평하지도 않았습니다. 오직 죄를 범할 수밖에 없는 자신의 못난 모습을 보고 하나님께 긍휼을 바라고 용서를 빌었습니다. 그러므로 바리새인의 기도는 거부되었고, 오히려 모든 사람에게 죄인이라고 조롱과 냉대를 받는 세리의 기도는 응답을 얻을 수가 있었습니다.

오늘 바디매오도 자신을 불쌍히 여겨 달라고 기도합니다. 우리도 기도할 때 오직 예수 그리스도의 공로와 하나님의 긍휼하심을 믿고 기도해야 합니다. 잠언 28:13에 "자기의 죄를 숨기는 자는 형통하지 못하나 죄를 자복하고 버리는 자는 불쌍히 여김을 받으리라"고 하셨습니다. 겸손한 회개는 하나님의 긍휼을 받게 됩니다. 모두가 하나님의 긍휼을 의지하고 하나님께 나아가는 기도의 사람들이 되기를 원합니다.

3. 욕심이 없는 기도를 드렸습니다

재물과 세상의 복은 기도 요청보다도 하나님의 은혜로 오게 될 때 더욱 더 온전한 것입니다. 즉 먼저 그 나라와 그 의를 위해 사명을 잘 감당함으로 하나님께서 기뻐하시고 부어 주시는 것을 통하여 받는 복이 더 좋다는 말씀입니다.

영의 사람은 사명을 위해서는 기도하지만 결코 자신의 세상적인 욕심을 이루기 위해 기도하지는 않습니다. 그러므로 그들은 남보다 높아지는 일을 부담스러워합니다. 다른 사람들에게 섬김을 받는 것보다 그들을 섬기는 일을 더 좋아합니다. 때문에 그들은 언제나 주님과 동행하는 삶을 살 수가 있습니다.

"예수께서 말씀하여 이르시되 네게 무엇을 하여 주기를 원하느냐 맹인이 이르되 선생님이여 보기를 원하나이다"(51) 요한과 야고보의 요청은 주님의 좌우편에 앉아서 다른 사람들을 부리고 싶은 욕심이 든 요청이었습니다. 그러나 본문의 맹인 거지 바디매오의 부르짖는 요청은 맹인 된 자신의 눈이 남들처럼 보는 것뿐입니다. 다른 이들과 똑같은 입장에서 살아보는 일이 그의 소원이었습니다.

맹인인 자신이 속히 눈을 떠서 하나님께 영광을 돌리고 더 이상 다른 사람에게 피해나 고통을 주지 않고 자신의 힘으로 열심히 살고 싶은 것이 그의 소박한 요청이요 소망이었습니다. 그러므로 누구보다도 소박한 그의 요청은 주님 마음을 움직이기에 충분했습니다. 기도는 내 욕심을 채우는 도구가 아닌 하나님께 영광을 돌리고 다른 이들을 위한 도구로 사용되어질 때 빛을 발하고 응답이 될 줄로 믿습니다.

말씀을 생각하며

1. 오늘의 말씀에서 가장 마음에 남는 말씀은 어떤 말씀입니까?

_____

_____

_____

2. 왜 그 말씀이 마음에 남습니까?

_____

_____

_____

3. 오늘 말씀을 읽고, 나의 신앙생활 속에서 고쳐야 할 점은 무엇입니까?

_____

_____

_____

_____

한 주간의 기도제목

나	
가 정	
교 회	

제52과
베드로의 기도

사도행전 10:9-23
찬송 : 134(84), 490(542)

또 소리가 있으되 베드로야 일어나 잡아 먹어라 하거늘 베드로가 이
르되 주여 그럴 수 없나이다 속되고 깨끗하지 아니한 것을 내가 결코
먹지 아니하였나이다 한대 또 두 번째 소리가 있으되 하나님께서 깨끗
하게 하신 것을 네가 속되다 하지 말라 하더라(행 10:13-15)

하나님의 손을 움직이는 것은 기도뿐입니다. 하나님은 전능하시지만 우리
가 기도하지 않으면 하나님은 손을 놓으십니다. 우리가 기도할 때 하나님이
손을 펴시고, 하나님의 권능을 나타내십니다. 보잘것없고 미미한 존재일지라
도 기도하는 사람을 통해서 하나님은 역사하십니다. 오늘은 베드로의 기도를
통해서 하나님의 역사를 체험하기를 원합니다.

1. 언제나 정한 시간에 기도하였습니다

베드로는 앉은뱅이를 일으키고 죽은 자를 살린 능력 있는 사도입니다. 그러
나 그는 능력의 사람 이전에 기도의 사람이었습니다. 사도행전 3:1에 보면 "제
구시 기도 시간에 베드로와 요한이 성전에 올라갈새"라는 말씀이 있는데, 그
는 시간을 정해 놓고 기도하는 것으로 알 수 있습니다. 오늘 본문에는 12시에
자기 집 지붕 위에서 기도를 합니다. 하나님이 베드로에게 뜻을 계시하려고
할 때는 기도하는 시간이었습니다.

예수님은 여러 가지 기적과 이적을 베푸셨습니다. 귀신을 쫓으시고, 수많은
병자를 고치셨습니다. 예수님의 사역 뒤에는 하나님과 개인적으로 대면하는
경건의 시간이 있었습니다. 예수님도 하나님의 일을 이루시기 위하여 "밤이

맞도록", "새벽 오히려 미명에 한적한 곳에 가서서" 기도하셨습니다. 심지어 예수님은 십자가를 져야 하는 문제를 놓고 겟세마네 동산에서 기도하셨습니다.

하나님은 능력 있는 사람이나 돈 있는 사람과 일하지 않습니다. 하나님은 기도하는 사람과 일하십니다. 베드로는 정해진 기도 시간에 하늘의 비전을 보았습니다. 기도하는 자에게 하나님은 환상을 보여 주시고 음성도 들려주십니다. 우리들도 기도의 사람들이 되기를 바랍니다.

2. 한적하고 고요한 곳에서 기도했습니다

사도 바울도 빌립보에 갔을 때 강변에서 기도 장소를 찾았습니다. 예수님은 겟세마네 동산에 기도의 자리를 잡았습니다. 다니엘은 자기 골방에 기도의 자리가 있었습니다. 모세와 엘리야는 산꼭대기에 올라가서 기도했습니다. 여호사밧과 히스기야는 하나님의 성전에 가서 기도했습니다.

베드로는 기도에 방해받지 않고 하나님과 깊이 교제할 수 있는 조용한 장소를 찾아 지붕으로 올라갔습니다. 운동장이나 카페, 전철과 버스에서도 기도할 수 있지만, 깊은 기도는 할 수 없습니다. 깊이 있는 기도, 하나님과 영적으로 깊이 교제하는 기도는 조용한 장소가 좋습니다.

주님의 음성을 들을 수 있고, 영적 귀를 모으고 마음을 모을 수 있는 장소가 참으로 중요합니다.

마태복음 6:6에 "너는 기도할 때에 네 골방에 들어가 문을 닫고 은밀한 중에 계신 네 아버지께 기도하라 은밀한 중에 보시는 네 아버지께서 갚으시리라" 하셨고, 마태복음 24:26에서는 "그러면 사람들이 너희에게 말하되 보라 그리스도가 광야에 있다 하여도 나가지 말고 보라 골방에 있다 하여도 믿지 말라"고 하셨습니다. 우리들도 방해받지 않는 기도의 자리를 가지기를 원합니다.

3. 베드로는 기도 중에 환상을 보았습니다

베드로는 제 6시(12시) 기도시간에 지붕에 올라가 하나님 앞에 기도하는 중에 환상을 보았습니다. 그러면 베드로가 본 환상은 어떤 것입니까? '하늘 문이 열리는 것'을 보았습니다. 그리고는 한 그릇이 내려오는데 큰 바구니에 네 발 가진 짐승과 땅에 기는 것들이 들어 있었습니다. 이러한 환상이 있은 후 주님의 음성이 들려옵니다. "베드로야, 일어나 잡아먹으라."

베드로는 어릴 때부터 부모님과 랍비로부터 음식에 대한 교육을 철저히 받고 자랐습니다. 그것은 그들의 신앙이요, 전통이요, 삶입니다. 그런데 하나님께서 레위기 11장에서 금한 그 부정한 음식을 잡아먹으라고 하니 깜짝 놀랄 수밖에 없었습니다. 그래서 "하나님, 저는 부정한 음식을 먹지 않았습니다."라고 말합니다.

그때 "하나님께서 깨끗케 하신 것을 네가 속되다 하지 말라"고 했습니다. 이런 일이 세 번 있은 후에 그 그릇이 하늘로 올라갔습니다. 하나님께서 베드로에게 이런 부정한 것들을 잡아먹으라고 하신 것은 이방인을 복음으로 정복하라는 것입니다. 복음이 이방으로 들어가면서 복음의 능력 앞에 모든 이방인들이 예수의 피로 씻어 깨끗하게 될 것을 보여주신 것입니다.

아무리 추하고 더러운 죄인일지라도, 아무리 중한 죄를 지었을지라도, 예수 그리스도의 십자가에 흘린 보혈의 공로를 믿기만 하면 깨끗하게 될 줄로 믿습니다. 이사야 1:18에 "여호와께서 말씀하시되 오라 우리가 서로 변론하자 너희의 죄가 주홍 같을지라도 눈과 같이 희어질 것이요 진홍 같이 붉을지라도 양털 같이 희게 되리라"고 하셨습니다.

우리들도 하나님의 뜻을 구하고 거룩한 도구가 되기를 소원하며, 기도하는 가운데 새해에도 하늘의 신령한 비전을 보기를 바랍니다.

말씀을 생각하며

1. 오늘의 말씀에서 가장 마음에 남는 말씀은 어떤 말씀입니까?

_____

_____

_____

_____

2. 왜 그 말씀이 마음에 남습니까?

_____

_____

_____

_____

3. 오늘 말씀을 읽고, 나의 신앙생활 속에서 고쳐야 할 점은 무엇입니까?

_____

_____

_____

_____

한 주간의 기도제목

나	
가 정	
교 회	

날마다 기도로 성장하는

구역예배

초 판 인 쇄 - 2015년 12월 26일
초판발행일 - 2016년 1월 1일

지은이 - 21세기 구역공과 편찬위원회
펴낸이 - 채주희
펴낸곳 - 엘맨출판사
등록번호   제10-1562호(1985.10.29.)
등록된곳 서울시 마포구 신수동 448-6
전화 (02)323-4060,6401-7004
팩스 (02)323-6416
이메일 elman1985@hanmail.net
www.elman.kr

*잘못된 책은 구입하신 서점에서 바꾸어드립니다.
*이 책에 대한 무단복제할 수 없습니다
값 5,500원